AF358918

REVUE D'HISTOIRE ÉCONOMIQUE ET SOCIALE

ANCIENNE

Revue d'Histoire des Doctrines Économiques et Sociales

PUBLIÉE SOUS LA DIRECTION DE

A. DESCHAMPS
Professeur à la Faculté de Droit
de l'Université de Paris

E. DEPITRE
Professeur agrégé à la Faculté de Droit
de l'Université de Lille

A. DUBOIS
Professeur à la Faculté de Droit
de l'Université de Poitiers

A. SCHATZ
Professeur à la Faculté de Droit
de l'Université de Lille

Secrétaire de la Rédaction :

H. VOUTERS, docteur en droit

LA SURINTENDANCE DE FOUQUET

ET

LES OPÉRATIONS DE CRÉDIT PUBLIC

par GERMAIN MARTIN
professeur à la Faculté de droit de Dijon

PARIS

LIBRAIRIE DES SCIENCES ÉCONOMIQUES ET SOCIALES

MARCEL RIVIÈRE ET Cie

31, rue Jacob et rue Saint-Benoît, 1

Marcel RIVIÈRE & Cie, 31, rue Jacob et 1, rue Saint-Benoît, PARIS (vi^e)

REVUE D'HISTOIRE

ÉCONOMIQUE ET SOCIALE

Ancienne Revue d'Histoire des Doctrines économiques et sociales

SOMMAIRE :

Abonnement : *France*, **15** francs ; *Etranger*, **18** francs.

Le prix des années écoulées est fixé à **24** francs.

Adresser les manuscrits et tout ce qui concerne la rédaction à
M. Vouters, *209, boulevard Raspail*, à Paris, — et les livres, revues,
imprimés de toute sorte, ainsi que les abonnements, à MM. Marcel
Rivière et Cie, *31, rue Jacob*, Paris, au nom de la *Revue d'Histoire
Economique et Sociale*.

LA SURINTENDANCE DE FOUQUET

ET

LES OPÉRATIONS DE CRÉDIT PUBLIC (1)

par GERMAIN MARTIN

professeur à la Faculté de droit de Dijon

I. — FOUQUET SURINTENDANT DES FINANCES

En février 1653 Servien et Fouquet furent créés surintendants des finances. Leurs pouvoirs étaient égaux et leur responsabilité très étendue, puisqu'ils ne rendaient « raison ailleurs qu'à la personne de Sa Majesté ». Mazarin avait arrêté ce double choix, bien que ni l'un ni l'autre de ces deux courtisans fussent complètement à son gré. Aussi demanda-t-il à Servien de prendre pour commis à l'enregistrement des fonds, non point le sieur Morandé, déjà

---

1 Documentation :

I. — DOCUMENTS INÉDITS

BIBLIOTHÈQUE NATIONALE. Manuscrits. *Carnets de Mazarin*, 2 et 10. Fonds français, 23202. Cinq cents Colbert nᵒ 106. — ARCHIVES NATIONALES. KK. 257, 957, 987 ; U. 772. — CHAMBRE DES DÉPUTÉS. Manuscrits Cᵐ 3¹. — ARSENAL. Manuscrit 7. 167. — BIBLIOTHÈQUE MAZARINE. Manuscrit 1719. — MINISTÈRE DES AFFAIRES ÉTRANGÈRES (archives du). Manuscrits 6, 23, 24, 25, 118, 262, 263, 264, 374, 874, 875, 876, 878, 885, 886, 900, 902, 905, 907, 916, 1191 de la série *Mémoires et documents*, fonds *France ; Rome*, 23. — MINISTÈRE DE LA GUERRE. Archives, vol. 58, 59.

II. — OUVRAGES ET MÉMOIRES DES XVIIᵉ ET XVIIIᵉ SIÈCLES

BOIZARD, *Traité des monnaies*, 1692, in-4. — Mémoires de l'abbé DE CHOISY, de COSNAC, de MONTGLAT, de CONRART, d'OLIVIER D'ORMESSON, LENET (P.), dans diverses collections, et notamment dans MICHAUD et POUJOULAT (cf bibliographie du chapitre I de la 1ʳᵉ par-

choisi, mais M. de Bordeaux, homme tout à fait à la disposition du Cardinal, et défavorable aux surintendants : « Mécontent de nous et de notre élévation, où il avait aspiré pour lui-même, ou pour ses amis » (1).

Les deux officiers élus avaient entre eux des rapports corrects. Servien, âgé de plus de soixante ans, continuait une existence sans cesse contrariée. En disgrâce sous le ministère de Richelieu, il était revenu aux affaires à l'époque de la Régence. Représentant apprécié de la France, au cours des négociations de Munster, il avait acquis une grande réputation. Ses services n'étaient discutés par personne, mais on les reconnut d'une façon toute platonique. L'élévation au titre de Surintendant constituait une compensation tardive. Laborieux et appliqué, il entendit exercer effectivement sa charge. Or, si au cours de la première année, « par ordre de M. le Cardinal », Servien fut le premier surintendant en titre, en fait il dut subir le contrôle de M. de Bordeaux. Administrateur « d'une grande réputation pour la variété et pour l'importance des emplois par où il avait déjà passé il ne put supporter longtemps le joug d'un colla-

---

lie. — FORBONNAIS, *Recherches et considérations...*, édition de 1758. — LORET, *La muse historique*. — FOUQUET, *Défenses*. 14 volumes in-12. 1665-1667. — *Journal de voyage de deux Hollandais à Paris. 1656-1658*. Paris, Champion, 1899, in-12.

III. — RECUEIL DE DOCUMENTS

CLÉMENT, *Lettres de Colbert*. — DEPPING, *Correspondance administrative*. — MAZARIN, *Lettres publiées par Chéruel*.

IV. — OUVRAGES ET ÉTUDES

U. V. CHATELAIN, *Le surintendant Nicolas Fouquet*. Paris, 1905, in-8. — CHÉRUEL, *Histoire de France pendant la minorité de Louis XIV et sous le ministère de Mazarin*. 3 vol. in-8, 1882. — Paul CORNU, *Les forêts du Nivernais*. Positions de thèses de l'École des Chartes. 1906. — DE COSNAC, *Mazarin et Colbert*, 1 vol. Paris, in-8, 1892. — DEPPING, *Etude sur Hervart*. Revue historique, t. X. — LAIR, *Nicolas Fouquet*. 1890, 2 vol. gr. in-8. — LANDRY, *Essai sur les mutations monétaires, de Philippe le Bel à Charles VII*. 1912, in-8.

(1) DUBUISSON AUBENAY, *Journal*, I, p. 265 ; II, p. 330. Conrart, *Mémoires*, p. 610. *Défenses*, p. 37.

borateur imposé qui seul était le véritable contrôleur des trésoriers de l'Epargne » (1).

Aucun reproche ne pouvait être fait à M. de Bordeaux, sinon d'avoir trop bien rempli sa mission. Servien, « ayant pris des soupçons contre lui », demanda à Mazarin de mettre un autre contrôleur général à la place de ce protégé (2). Le Cardinal n'était pas de tempérament à se créer des difficultés pour une personne. Il consentit au renvoi de M. de Bordeaux, mais lui substitua un banquier avec lequel il était en correspondance suivie depuis la mort de Richelieu : Barthélemy Hervart (3).

Servien eut ensuite des difficultés avec Fouquet. « Il se fâcha de ce que j'eusse écrit de ma main un fonds sur une ordonnance. » Fouquet, bien que beaucoup plus jeune que Servien — il entrait dans sa trente-neuvième année — n'éprouvait pas le désir de jouer les modestes. Il avait eu une carrière facile et brillante (4). Son père, homme de sens pratique, s'intéressait aux affaires de commerce et de marine et devint l'homme de confiance de Richelieu pour toutes les questions de cette spécialité. Nicolas, son fils, eut une sérieuse formation classique. De solides alliances de famille complétèrent ces moyens d'action, et le jeune Fouquet parcourut rapidement les échelons de la haute administration : intendant à l'armée du Nord; intendant de police, justice et finance en Dauphiné, où il encourait une légère disgrâce; mais le voici bientôt intendant en Catalogne, puis à l'armée de Flandre.

En 1647, nommé intendant de Paris, il peut rendre service à la Cour, lors des émeutes qui éclatent pendant les années suivantes. Mazarin reconnaît chez Fouquet un tel empressement à servir la cause du Roi, de la Reine-mère et la sienne qu'il le fait désigner comme Procureur général de la Chambre de justice de 1648 et, par suite, Procureur général au Parlement de Paris. Cette situation lui permet de jouer un

1 *Défenses.* t. V. p. 36.
(2) *Id.*
(3) *Id.*, t. V. p. 37.
(4) LAIR, *Nicolas Fouquet.* t. I. p. 18 et 30.

rôle important et de montrer de grandes qualités politiques. Mazarin est-il disposé au découragement et à faire agir la Reine-mère contre le Parlement, Fouquet recommande de temporiser (1), de manœuvrer. Grâce à ses relations personnelles, grâce à sa souplesse d'esprit, il rallie sans secours financiers, sans désobliger personne, les Conseillers du Parlement à la cause du Roi. Son frère, l'abbé Basile, plus remuant, plus vulgaire aussi, est l'homme de liaison entre le Cardinal et le Procureur général.

Nicolas Fouquet avait donc pratiqué la politique avec bonheur. Il était moins apte aux fonctions de surintendant, et les qualités qui lui avaient valu des succès comme Procureur général devaient lui faire commettre des fautes, comme financier du roi. En présence d'un trésor vide, il fallait certes de l'ingéniosité et des amis pour trouver des ressources, mais aussi un caractère énergique pour s'opposer à toute dépense inutile et surtout à tout maniement irrégulier de fonds.

Fouquet avait des relations : deux frères dans l'épiscopat, un troisième, l'abbé, procureur général de Metz et confident du premier ministre, deux autres frères conseillers ou dans les emplois; deux ou trois cousins Maupou, au Parlement ou à la Chambre des Comptes; enfin, ses alliés, les Jeanin de Castille, occupaient depuis longtemps les premiers emplois dans les finances.

Il passait pour un homme aimable, qui ne savait rien refuser et qui, de son côté, demandait à tous ceux qui entraient en rapport avec lui de l'aider dans ses délicates fonctions de surintendant. « Il se flattait aisément et dès qu'il avait fait un petit plaisir à un homme, il le mettait sur le rôle de ses amis et le croyait prêt à se sacrifier pour son service (2). Cette pensée le rendait fort indiscret... » (3).

Pour alimenter le trésor, il emprunte à son frère l'abbé, à son parent Jeanin de Castille, trésorier de l'Epargne, à ses alliés, à de Noisy-Maupou, qui avait confié à Fouquet

---

1. LAIR, *op. cit.*, t. I, 3ᵉ partie, p. 141 à 291.
2. *Mémoires de l'abbé de Choisy*, éd. Michaud, p. 573.
3. *Défenses*, t. II, p. 170.

la dot de sa femme pour la faire fructifier dans les affaires
du Roi: au Président Maupou 200.000 livres: ses amis, ses
collaborateurs sont mis à contribution (1. Jacques Le Tellier, Charles Bernard, Héraut de Gourville, Louis Bruant,
Pélisson, ses commis, lui ont confié leur avoir. Il n'est guère
de hauts officiers des finances : trésoriers de l'extraordinaire
des guerres, trésoriers de la marine, trésoriers des parties
casuelles, auxquels il n'ait pas fait appel (2). Les financiers
de province apportent aussi leur concours, tels Pennautier
et François le Secq, trésoriers de la Bourse du Languedoc:
Bernin et du Vau, receveurs généraux des finances à Tours:
Gruin, receveur général des finances à Châlons: les munitionnaires Jacquier, Arnaud de la Marche, en Guyenne:
Paléologue, munitionnaire d'Italie et son commis, Monnerot,
financier et munitionnaire, sont ses commanditaires ainsi
que les banquiers; Girardin, par exemple, qui était un des
hommes d'affaires du Cardinal. Lors de son procès, Fouquet
estime à 3.500.000 livres ce qu'il peut bien devoir à ce dernier. Hervart, dont nous préciserons le rôle, a aussi versé
des sommes.

Les commis les plus humbles, des domestiques sont parmi
les prêteurs du surintendant. Vatel « cy devant son maître
d'hôtel n'a pas été payé régulièrement de ses gages et Fouquet lui a reconnu une somme de 25.000 livres » (3).

Et d'ailleurs faire l'énumération exacte de tout ce que
Fouquet a emprunté est impossible, mais il demeure d'ac-
cord « que, lui répondant ait prêté ou fait prêter sur son
crédit de très grandes sommes et dont toutes les dépenses

1 *Défenses*, t. II, p. 34.

2 Le crédit du commis de Lorme a fait subsister l'Etat, pour
partie, au cours des années 1655 et 1656. Bernard ne s'est engagé
pour le Roi qu'à la prière de Fouquet, et cependant il ne se trouvera pas plus riche qu'au premier jour de son emploi. Bruant ne
pourra pas payer ses créanciers. Quant à Pélisson, c'était un homme
d'une probité absolue, qui ne participait aux prêts que pour éviter
des ennuis à Fouquet, dans les moments de grande gêne. Mazarin,
surpris et touché de ce désintéressement, avait commandé « qu'on
lui fît trouver... aux diverses affaires, de temps en temps, de quoi
établir une fortune très honnête ». *Défenses*, vol. in-4. p. 63.

3 *Défenses*, XII, p. 37.

principales de l'Etat aient été acquittées, en ayant été prié
par M. le Cardinal (1), qui avait connaissance que depuis
la banqueroute faite aux gens d'affaires, il était impossible
de trouver de grandes sommes (2), à moins de recourir à
des intermédiaires qui avaient une clientèle de prêteurs.
mais des emprunts de cette nature se réalisaient au taux
de 15 p. 100 ».

Fouquet, voulant « faire au profit du Roi le ménage d'un
tiers », et emprunter au taux de 10 p. 100, s'obligeait personnellement. Sur son crédit il se procurait de l'argent qu'il
prêtait ensuite au Roi, sans aucun profit, se contentant de
retirer d'une main ce qu'il était obligé de payer ailleurs (3).

Plus vaniteux que raisonnable, plus homme de cour
qu'homme de finance, Fouquet, poussé par le désir de plaire,
d'être en vue, apportait du sentiment dans les affaires. Il
fit les siennes fort mal. Marié richement, en secondes noces,
il s'engage dans des dépenses personnelles et dans les prêts
du Roi, au point qu'il dut vendre les rentes « qui lui étaient
échues du chef de sa femme et celles qui lui appartenaient
du sien (4) ».

Sa vanité le porte à estimer ses ressources au delà de ce
qu'elles sont dans la réalité. Vaux fut le gouffre où s'englou-
tirent et revenus et capitaux. Il considérait « cette terre
comme son établissement principal: il voulait laisser quelque marque de l'état auquel il avait été. Et ainsi, il conçut
le dessin plus grand qu'il n'en avait eu d'abord l'intention.
Puis il ne croyait pas que les charges dussent coûter à beaucoup près ce qu'elles ont coûté. « On m'a trompé dans les
estimations, on a fait des marchés de tout, et puis, par les
augmentations, ces marchés ont doublé; quand la chose a
été bien avancée, je n'ai pas pu faire des pas en arrière...
il a fallu achever, et quand mes revenus n'ont pas été suffi-
sants, j'ai contracté des dettes pour subvenir à cette dépense (5). »

(1) *Défenses*, XII, p. 66.
(2) *Id.*, p. 106.
(3) *Id.*, XII, p. 107.
(4) *Id.*, XII, p. 32.
(5) *Id.*, II, p. 45.

Fouquet aggrava sa situation en administrant le Trésor avec autant de négligence qu'il en apportait dans ses propres affaires. Au lieu de prévoir les charges et les moyens d'y faire face, Fouquet vécut au jour le jour. « Tant qu'il fut surintendant, il ne vit jamais deux millions ensemble. »

Cette faute le mit, aux heures difficiles, à l'entière disposition et des commis et des traitants. De Lorme, premier commis du Trésor, en relation personnelle avec les prêteurs, essaie même de supplanter le surintendant. Sans l'amitié de Gourville, Fouquet aurait, à un moment donné, subi les volontés des partisans et de leur ami (1).

Fouquet administra au milieu des intrigues et des combinaisons, sans apercevoir les difficultés de sa situation. Trompé par les flatteurs, il crut pallier aux situations délicates par une exquise politesse et par des faveurs. Mazarin devina mieux que quiconque cette nature spontanée et il sut en profiter. Il domina et exploita le léger et facile surintendant.

---

(1) Gourville, pour rétablir les affaires de Fouquet, s'adressa à Hervart par l'intermédiaire de Pélisson, homme dévoué au Cardinal, ami intime de Colbert, de Berryer, et surtout très lié avec Hervart chez qui il logeait souvent, et auprès de qui il avait placé un de ses frères. Gourville savait que de Lorme et Hervart ne s'aimaient point. Il demanda à Pélisson d'offrir un dîner où se trouverait de Saint Maurice, de la faction d'Hervart. « Avant de nous séparer M. d'Hervart me donna sa parole de prêter deux millions dans le temps que nous convînmes, en lui donnant les assignations dont il me parla, avec de gros intérêts. Il avançait 400.000 livres comptant et dans quelques jours encore autant. Je donnai une grande joie dès le soir à M. Fouquet en lui portant cette nouvelle. » Gourville fait savoir son mécontentement contre de Lorme de qui chacun commence à se séparer. « J'avais mis un homme à sa porte pour examiner tous les gens d'affaires qui y seraient entrés, dès le lendemain M. Fouquet et moi leur en parlions; avant qu'il fut trois semaines, le crédit de M. Fouquet se rétablit sur tous ceux qui étaient les plus puissants. Les affaires reprirent leur train. » *Mémoires de Gourville*. Ed. Michaud, p. 523.

Ailleurs, p. 524, dans ses Mémoires, Gourville avoue qu'il profita beaucoup des exemples qu'il avait sous les yeux, de gens faisant de rapides et grandes fortunes, en achetant des assignations dépréciées que l'on faisait réassigner sur de bons et nouveaux fonds. Il avoue : « M. de Brancas était de mes amis, parce que de temps à

II. — LES EMPRUNTS ET LES MUTATIONS MONÉTAIRES PENDANT LA SURINTENDANCE DE FOUQUET

Les banquiers du Trésor : Barthélemy Hervart. — Fouquet fut-il obligé d'assumer de façon exclusive le rôle de prêteur du Roi ? Il exerça la fonction de surintendant conjointement avec Servien jusqu'à la mort de ce dernier, survenue le 16 février 1659. Puis, après des difficultés fréquentes entre les deux collègues en charge, Mazarin, sur l'instigation de Colbert, décida que puisque les dits surintendants ne pouvaient s'accorder, ils n'écriraient ni l'un ni l'autre l'ordonnancement des fonds et que l'ordonnateur, en fait, serait un de ses banquiers personnels. Hervart, que Son Excellence considérait « comme un homme de premier secret domestique ».

Auprès de Mazarin, s'agitaient, en effet, une phalange de prêteurs. Et d'abord les compatriotes (1) : Serantone, Cenami, Cantarini, Airoli, Valenti, et il en use largement, faisant savoir à tous qu'ils lui « sont à cœur au point qu'ils sont et que les créanciers de ces banquiers doivent être payés de préférence à tous... » L'intendant des Finances, Tubœuf, doit veiller à ce que le surintendant leur délivre de bonnes assignations, et sans retard (2) Airoli est installé à Gênes. Les Cantarini et les Cenami à Lyon et à Paris, d'où une grande facilité pour faire des fonds (3). Les banquiers de Lyon étaient invités par Mazarin à se procurer de l'argent en tirant des lettres de change sur ceux d'Italie, et réciproquement, Mazarin se portant caution, dans certains cas, de la régularité du paiement, « se montrant fort capable de démêler tout le détail des opérations de change; excellant à presser ses prêteurs de faire parvenir leurs fonds à destination (4) ». Bien d'autres personnes sont mises à contri-

---

autre je lui donnais de l'argent de la part de M. Fouquet, et à bien d'autres aussi ».

1 *Aff. Etrang. France*, vol. 25, p. 118-119, vol. 24, p. 14-15.
2 *Mémoires de Mathieu Molé*, t. III, p. 330.
3 *Aff. Etrang. France*, vol. 24, p. 79 et 81; vol. 23, p. 46-47.
4 6 août 1648. Lettre au sieur Airoli de Gênes : « Prière

bution. M. de Choisy, intendant des armées du duc d'En-
ghien, est prié de fournir 12.000 livres d'argent au sieur de
Campy pour quelques dépenses du régiment. « Je ne manquerai pas de vous les faire remettre à la première occasion
qui se présentera. » Jean Martin assiste M. de Besson jusqu'à
concurrence de 10.000 pistoles, « sur pierreries » envoyées
par Mazarin, et le Cardinal se rend caution que le prêt ne
sera que de six mois.

Hervart, cependant, est l'homme d'affaires le plus important de l'époque. Intéressé dans les prêts du Roi, depuis de
longues années, il fournissait avec un de ses frères les
sommes nécessaires pour retenir l'armée de Bernard de Saxe-
Weimar, après la mort de ce chef, alors que les troupes hési-
taient à rester au service de la France (1). Barthélemy Hervart n'avait pas craint d'engager en cette circonstance une
partie de son patrimoine.

Ce banquier, né à Lyon de parents allemands, ayant de
nombreuses relations dans les milieux militaires, est, en
même temps qu'un puissant bailleur de fonds, un intendant
aux armées, un agent secret qui, lors des négociations diplomatiques, persuade plus par son or que par ses arguments.

Il est aidé par ses deux frères, installés à Paris. Quant à
lui, on le rencontre le plus souvent auprès de l'armée d'Allemagne, où il a mission de pourvoir à l'entretien et au paiement des troupes.

d'avancer 12.000 doubles d'Espagne à Cantarini. Le crédit de Cantarini, Hervart, Cenami est considérable, il s'accroît plutôt qu'il ne
diminue ».

(1) CHÉRUEL. *Lettres*, III, p. 983, III, p. 21; Aff. Etrang. 264,
f° 296-298; V. Lettre à Turenne, août 1648. Aussi Hervart est-il
intéressé à la faillite des Cenami et Cantarini, survenue en 1653.
Déf. de Fouquet, VI, p. 289, XVI, p. 149.

7 mars 1649, Lettre de Mazarin à Hervart. « ... Pour ce qui est
de vos intérêts, au lieu de 40.000 livres que je vous avais écrit,
on en fait donner 50.000 comptant, comme votre frère vous pourra
mander, et on donne des assignations pour 250.000 livres sur la
douane, la recette générale et les meilleurs fonds de Lyon, dont
je ne doute point que vous ne soyez bientôt payé et cela outre les
pierreries que vous recevrez au premier jour... » Aff. Etrang., 264,
f° 296-298.

Hervart devait être sensible à la flatterie et aux égards. Le Cardinal lui en manifeste de très grands et il espère que le traitement qu'Hervart a reçu à la Cour, en considération des services rendus à Sa Majesté, l'a pleinement satisfait. Chaque lettre qui le charge d'une mission rappelle dans son préambule « la bonne conduite dont il a rendu des preuves en diverses affaires et occurrences importantes ». Ces circonstances sont, en 1644, le concours financier fourni à Condé pour lui permettre de tirer parti de sa victoire de Fribourg et de s'emparer de la ville de Philippsbourg ; la négociation avec le gouverneur du fort de Joux, Van der Grüen, lieutenant de Bernard de Saxe-Weimar, et surtout, en 1649, les démarches pour retenir les troupes allemandes au service du Roi, alors que leur chef, Turenne, pouvait faire défection. Encouragé par l'exemple du duc de Bouillon, son frère, Turenne compta un instant dans le parti des frondeurs, mais ne fut pas suivi par son armée, grâce à Hervart (1) qui sut répartir 800.000 livres parmi les officiers et les soldats qui n'avaient pas reçu de solde depuis plusieurs « montres ». Mazarin ne pouvait s'empêcher d'admirer l'habileté du négociateur ; il est vrai qu'on peut apprécier aussi la souplesse du Cardinal qui sut faire d'un banquier, protestant allemand, un homme qui fut toujours « entièrement à lui » et n'hésita pas à disposer de sa fortune en faveur de la Cour.

Mazarin, pour prouver au financier qu'il était son ami et « de la bonne sorte », le fit nommer (2) intendant des finances (janvier 1650). Hervart, dans les années suivantes, devint le banquier à peu près exclusif du Cardinal. Le crédit des Cantarini et des Cenami, auxquels Mazarin avait eu souvent recours, tant pour ses opérations personnelles que pour aider le Trésor à trouver des fonds, était alors des plus compromis (3). Hervart avait d'ailleurs participé à plusieurs opérations financières faites par ses collègues et le Cardinal (4).

<hr>

1. DEPPING, *Revue historique*, t. X, p. 293.
2. CHÉRUEL, *Lettres de Mazarin*, I, p. 458.
3. B. M. ms. fonds fr. n° 4175.
4. DEPPING, *Revue historique*, p. 298 et s.

Mais, plus heureux, payé plus régulièrement et en meilleures assignations, ayant aussi plus de disponibilités, son crédit, loin de sombrer, se trouva consolidé par le triomphe de la royauté. Beau joueur et confiant dans l'étoile du Cardinal, il en fut récompensé. Alors que la situation paraissait désespérée, il l'avait modifiée en achetant la fidélité des troupes. Le Ministre abandonna donc, sans regret, ses compatriotes italiens pour confier ses fonds à l'Allemand méthodique, tenace, prudent, à Hervart, en attendant qu'il fît du Trésor sa banque et de son agent le premier ordonnateur du Trésor, ce qui arriva, nous le savons, en 1653 (1). Les différends survenus entre Servien et Fouquet profitèrent à Hervart, qui eut seul l'autorité pour inscrire les sommes à ordonnancer.

Servien s'indignait de cette solution et faisait valoir combien paraissait étrange la situation de ce contrôleur général du mouvement des fonds, qui était d'ailleurs un des principaux créanciers du Trésor « pour d'anciennes assignations ». Servien allait jusqu'à accuser Hervart de commettre des faux en écritures publiques « écrivant fort mal, lui estant « facile, après avoir mis un chiffre, qui ne valait rien, en « notre présence, et que nos signatures y étaient apposées, de « le changer, les billets se renvoyant à l'Epargne » (2). En effet, une somme globale était inscrite tout d'abord par l'ordonnateur, sur les assignations, ce qui immobilisait les sommes provenant d'une source de revenus garantissant le remboursement ; mais ce billet de quelques millions de livres, par exemple, pouvait être par la suite partagé en plusieurs billets au profit de plusieurs bénéficiaires (3). Servien déclarait que tout contrôle du surintendant sur l'emploi régulier des fonds devenait dès lors impossible. Puis Hervart n'était-il pas l'agent de certains hommes d'affaires, de Tabouret notamment.

Mazarin avait entendu bien d'autres récriminations. Il y

---

(1) CHÉRUEL, *Lettres de Mazarin*, III, p. 983.
(2) *Défenses de Fouquet*, VI, p. 39.
(3) C'était ce qu'on appelait couper les billets. Ce qui arrivait, soit parce que le principal bénéficiaire avait plusieurs participants à ses affaires, soit parce que l'Epargne, au moment de la présentation du billet, n'avait qu'une partie des fonds.

attacha peu d'attention, car les disponibilités abondaient au Trésor. L'étoile du banquier ne devait pâlir que dans des moments beaucoup plus difficiles.

Les emprunts d'État et les opérations sur les monnaies pendant la surintendance de Servien et de Fouquet. — « Ces deux années 1653 et 1654, pour la plus grande partie, on ne manqua pas d'argent, les gens d'affaires payaient ponctuellement et faisaient volontiers des prêts et avances... La raison de cette facilité provenait du rabais des monnaies que je proposai » (1).

Ainsi, d'après Fouquet, une modification opérée dans le régime monétaire expliquerait la facilité avec laquelle la Royauté se procura des fonds. La question vaut la peine d'être étudiée (2).

Le triomphe de la monarchie sur la Fronde laissait espérer aux détenteurs de capitaux, en quête de placements, une ère de politique financière loyale (3). Sa Majesté accueillant le prévôt des marchands, qui s'excusait des émeutes passées et suppliait d'avoir pitié de la misère des rentiers, avait promis d'examiner les comptes des gabelles, et s'il y avait des fonds pour le paiement des rentes, elle les abandonnerait volontiers aux rentiers. Il est vrai que Mazarin, oubliant bientôt les émeutes de la Fronde, par un *arrêt* du 20 décembre 1653, réduisait à deux quartiers le paiement. Puis en présence de l'agitation qui se produisit, Mazarin fit rétablir, par un arrêt du 29 janvier 1654, le demi-quartier supprimé; d'autant que les surintendants allaient multiplier les appels au crédit public, soit par des créations de rentes, soit en organisant la première tontine.

De 1653 à 1663, les surintendants firent dix émissions. La première, au capital de neuf millions, assurait 500.000 livres de rentes. Elle était faite au denier 18, soit à 5 1/2 p. 100. Cent mille livres étaient assignées sur les droits d'entrées de Rouen, et 400.000 sur les cinq grosses fermes.

1 *Défenses de Fouquet*, VI, p. 269.
2 *Id.*, gr. in-4°, p. 39.
3 A. N. Registre de l'Hôtel de Ville, années 1652-1654.

En juillet 1654, nouvelle émission dont le *montant* ne pouvait être défini, car il devait correspondre au capital à fournir aux officiers payeurs et contrôleurs de rentes, dont on supprimait les gages, contre remboursement du prix de leurs offices. Cette émission était garantie par les revenus du Roi. Les rentiers de Paris étaient à peu près exclusivement souscripteurs de ces deux premiers emprunts. Ils apportaient d'autant plus volontiers leurs fonds que les mesures prises au sujet des monnaies engageaient les détenteurs de pièces, tant d'or que d'argent, à s'en débarrasser au plus tôt. En tenant compte de ces phénomènes d'incidence, assez complexes, on peut comprendre comment le Trésor trouva des souscripteurs, au moment même où on menaçait les détenteurs d'anciennes rentes de réduction de quartier.

Le fait d'intervenir constamment en matière de frappe de monnaie, soit pour modifier la valeur nominale des pièces, soit pour faire varier la quantité de métal précieux contenu dans les pièces en circulation, ne fut pas une pratique innovée par la Régence et les surintendants, au début du règne de Louis XIV. Les rois pensaient agir, en procédant de la sorte, dans la plénitude de leurs pouvoirs et au mieux de leurs intérêts (1). Les modifications de cours (2), correspondant à une modification intrinsèque de la quantité de métal, entraînaient une refonte et permettaient au prince de percevoir dans ses hôtels des droits de brassage et de seigneuriage (3).

---

(1) BOIZARD, *Traité des monnaies*, p. 58.

(2) M. LANDRY, dans son *Etude sur les mutations des monnaies dans l'ancienne France*, écrit :

« Dans les vingt-cinq dernières années du règne de Louis XIV, « nous trouvons deux séries de mutations, qui demandent à être « considérées à part des périodes précédentes. De 1689 à 1715, tout « d'abord, on a une série d'opérations destinées à enrichir le « Trésor... »

On verra dans les développements que nous donnerons que, dès le début du règne, les mutations furent souvent employées comme *expédients de trésorerie*.

(3) Avec Boizard, on peut distinguer six sortes d'empirances, c'est-à-dire six moyens dont le prince se servait pour affaiblir la monnaie:

1° Diminuer le poids des espèces d'or et d'argent;

2° Diminuer la bonté intérieure;

Sous Louis XIII, le droit de seigneuriage était de 6 livres, par
marc d'or; il fut porté par la suite à sept livres dix sols par
marc d'or. Après une déclaration du 28 mars 1679, le Roi ne
levait plus ce droit de 7 livres par marc d'or et de dix-huit
sols par marc d'argent qui fut rétabli par édit du mois de
décembre 1689. Le droit de brassage correspondait à la
somme prélevée par les maîtres des hôtels des monnaies sur
chaque marc d'or et d'argent et dont une moitié restait aux
mains du maître de l'hôtel, l'autre étant distribuée aux officiers des monnaies et aux ouvriers. Par suite de ces droits
prélevés sur les pièces fabriquées, le prix de la monnaie ne
correspondait plus à la valeur intrinsèque du métal contenu
dans les pièces d'or et d'argent (1).

Il est aisé de comprendre que certaines refontes générales
des monnaies ne furent pas dictées par le seul souci de mettre
en un juste rapport l'or à l'argent, c'est-à-dire de faire que
la monnaie d'argent fut à la monnaie d'or dans un rapport
correspondant à l'écart de la valeur de l'or et de l'argent sur
le marché des métaux précieux.

Dès le début de son règne, Louis XIV, ou mieux Mazarin,
et les surintendants des finances, exerçant le pouvoir en ses

---

3° Surhausser également le cours de l'une et de l'autre des bonnes
espèces d'or et d'argent;

4° Charger de traite excessive ou les espèces d'or seulement ou
celles d'argent, ou bien les unes et les autres ensemble;

5° S'éloigner beaucoup de la proportion reçue entre tous les voi-
sins, ou la changer souvent par le surhaussement du prix de l'une
des bonnes espèces sans toucher à l'autre;

6° Faire fabriquer si grande quantité d'espèces de bon billon ou
de cuivre que l'on soit obligé de les faire entrer dans le commerce,
et de les recevoir en sommes notables, au lieu des bonnes espèces
d'or et d'argent.
BOIZARD, *Traité des monnaies*, p. 65.

(1) Pour justifier l'existence de ces droits sous le règne de
Louis XIV, on invoquait :

1° La nécessité qu'il y a d'empêcher que les espèces d'or et d'argent fabriquées dans un royaume ne soient transportées dans un
autre;

2° Le danger que les orfèvres et autres ouvriers en or et en argent
ne fondissent les espèces, s'ils le pouvaient faire sans aucune perte.
BOIZARD, *Traité des monnaies*, p. 61.

lieu et place, eurent à prendre des décisions relatives aux monnaies [1]. Une ordonnance du 25 juin 1643 fit défense de continuer la fabrication des doubles de cuivre dont Louis XIII avait ordonné l'émission, le 1er juillet 1642. Cette monnaie qui circulait pour deux deniers était surestimée ou exhaussée. En conséquence les monnaies d'or et d'argent

---

1. A. N. KK 257. Il est indispensable pour suivre tous les développements que nous serons obligé de donner sur les monnaies, dans le cours de cette étude, de rappeler les indications relatives au titre, au poids, à la taille des monnaies au milieu du XVIIe siècle.

Titre terme qui désigne le fin, la loy, la bonté intérieure. Pour l'or, le titre le plus fin est de 24 carats; le carat se divise en 32 parties ou trente-deuxièmes de fin. 24 carats contiennent donc 768/32 de fin, le 1/32 de fin est la sept cent soixante-huitième partie de 24 carats.

Pour l'argent, le titre le plus fin est de 12 deniers, le denier se divise en 24 grains de fin. 12 deniers contiennent donc 288 grains de fin.

Poids. Le marc se divise en 8 onces. Il faut 2 marcs pour faire une livre ou 16 onces. L'équivalent décimal du marc est de 244 gr. 752923. l'once en 8 gros, le gros en 3 deniers, le denier en 24 grains; le marc contient 4.608 grains.

Il existait donc un rapport entre le titre et le poids.

Voici une table permettant de connaître ces rapports.

Or :		Argent :	
24 carats sont égaux à	1 marc	12 deniers sont égaux à	1 marc
12	4 onces	6	4 onces
6	2	3	2
3	1	2	1 once 8 deniers
2	16 deniers	1	16
1	8	12 grains	8
16/32	4	6	4
8/32	2	3	2
4/32	1	2	1 denier 8 grains
2/32	12 grains	1	16
1/32	6		

L'opération de la taille consiste à diviser le marc d'or ou d'argent en un nombre de pièces que les différents édits déterminaient. Par exemple les louis d'or en 1645 seraient de 36 1/2 au marc.

Comme les opérations de frappe ne se faisaient pas à l'aide d'appareils aussi précis que ceux que nous possédons, même après 1644, époque où l'on cessa de frapper au marteau pour recourir au moulin, on accordait aux directeurs des monnaies une marge de fabrication

étaient exportées pour acquérir du cuivre qui était ensuite frappé, si bien que les doubles affluaient dans les recettes royales et dans les paiements particuliers. Une ordonnance du 25 juin 1643 enjoignit de casser les presses et fit défense aux receveurs des finances d'accepter ces doubles qui n'auraient plus cours désormais qu'entre particuliers. Quelques mois après, il fut décidé que les doubles ne circuleraient que pour un denier. Ils étaient ramenés à leur juste valeur (1). L'exportation de notre bonne monnaie cessa, puisqu'elle ne pouvait plus fournir aux agioteurs une occasion de faire des opérations productives, en transformant les monnaies. L'importation des métaux précieux était d'ailleurs libre, mais, en

ou remède. On distinguait deux espèces de remèdes : le remède de loi, qui porte sur la quantité de fin que doivent contenir les espèces, et le remède de poids, qui est relatif à leur poids.

La marge, variable avec les différents arrêts qui en indiquaient l'étendue, ne devait jamais être dépassée, mais il était permis de l'employer en entier. La différence résultant de l'emploi du remède de poids s'appelait faiblage, on donnait le nom d'écharseté à celle qui résultait du remède de loi. Ainsi les monnaies pouvaient être droites, fortes ou faibles. Droites quand elles ont le poids, le titre et la marge de remède prescrits par le règlement; elles sont alors trébuchantes; fortes, quand elles l'excèdent; dans le cas contraire, elles sont faibles.

Le cours des espèces est fixé aussi par le prince. Il s'exprime en livres, sols et deniers. La livre de compte numéraire, composée de 20 sols, et chaque sol de douze deniers. Ces unités de compte ne correspondant pas à des monnaies réelles, puisqu'il n'existait plus aucun rapport entre le poids des espèces dont était composée la livre numéraire et ce qui représente une livre considérée comme poids; les pièces en circulation, de par la volonté du prince, recevaient des cours s'exprimant en plus ou moins de livres, et nous verrons que Louis XIV modifia souvent le cours. Jusqu'en 1667, dans les contrats privés, on comptait en livres parisis et livres tournois; la parisis étant plus forte d'un quart que la tournois, c'est-à-dire que 4 sols parisis valaient 5 sols tournois. Mais une ordonnance du mois d'avril 1667 disposa qu'à l'avenir les sommes seraient exprimées dans les jugements, conventions, et autres actes, par deniers, sols et livres et non par parisis ou tournois.

Le cours des métaux précieux apportés aux monnaies est fixé aussi par le Roi. Louis XIV accorda souvent un surplus, par rapport au tarif légal, aux personnes qui s'engageaient à remettre aux ateliers une certaine quantité de métal précieux, dans un délai donné.

(1) Arrêt du 23 mars 1644.

mars 1645, on fit défense aux orfèvres de travailler l'or et
l'argent pour des objets excédant 4 onces d'or, et 6 marcs
d'argent. L'explication de cette défense nous est fournie par le
préambule d'un arrêt du 8 mars 1645. « L'excès où le luxe
était porté tenait les hôtels des monnaies (1) du royaume en
chômage ». Or, cette absence de fabrication dans les nombreux ateliers du royaume était redoutée par la monarchie,
puisqu'elle la privait des profits réalisés par le prélèvement
des droits, lors de la frappe; tandis que les frais d'entretien
des hôtels couraient toujours, au dommage des adjudica-
taires particuliers de chaque Monnaie, et par répercussion
au détriment du prince. Pour éviter ce dernier inconvénient,
on céda à bail la fabrication des monnaies à Jacques Lou-
meau, pour une durée de neuf années, moyennant une sou-
mission de 70.000 livres par an de la part de l'adjudicataire.
Le même arrêt fixa le cours des monnaies d'or et d'argent, et
on ordonna de convertir les pistoles d'Espagne en louis
d'or (2); de refondre les écus d'or légers en d'autres écus
d'or. De même, les espèces d'argent légères devaient être reti-
rées de la circulation et refondues, puis refrappées. L'adjudicataire avait droit à une indemnité de cent sols par marc
d'or de pièces légères transformées et 31 sols par marc d'argent
gent (3).

____

(1) A cette époque, Paris, Rouen, Lyon, La Rochelle, Limoges, Bordeaux, Bayonne, Toulouse, Montpellier, Orléans, Nantes, Aix, Pau,
et plus tard Perpignan, Lille, Strasbourg.

(2) Les pistoles d'Espagne étant d'un titre inférieur aux pièces
françaises, on adopta ce titre afin d'éviter les frais d'affinage, soit
22 carats et la taille de 36 1/4 au marc.

(3) Louis XIII avait ordonné la fabrication de 1.800.000 livres de
doubles de cuivre en trois années, à commencer le 1er juillet 1642, et
il devait y avoir 78 des pièces au marc, au remède de quatre pièces.
Ce prince devait obtenir 165.000 livres de bénéfice qu'il destinait à
la construction du bâtiment du Louvre. Quarante presses furent
établies et une si grande quantité fabriquée, en raison du grand
profit qui s'y trouvait naturellement, et par l'altération de leur
poids, qu'en moins d'une année le royaume en fut comme submergé,
en sorte qu'on ne recevait déjà plus que des doubles dans les recettes
royales et dans les paiements particuliers et que les monnaies d'or
et d'argent se transportaient hors du royaume pour les doubles, dont
on les remplissait, ce qui aurait épuisé la France d'or et d'argent, si

Ce bail n'eut aucun succès et on revint au régime des adjudications à forfait par beaux particuliers (1). Les hôtels fabriquaient des louis, à la taille de 36 un quart au marc, qui avaient cours pour 10 livres, des écus d'or valant 5 livres 4 sols et des louis d'argent ou pièces de 3 livres, au titre de 11 deniers, à la taille de 8 et 11 douzièmes au marc. Ce taux fut modifié par la suite et le Parlement, en présence du surhaussement des espèces et « pour s'accommoder au temps et proportionner le prix des espèces au caprice du peuple en attendant que sa Majesté y pourvût par un règlement général sur les monnaies », ordonna, par arrêt du 10 janvier 1652, que les louis d'or vaudraient 11 livres 10 sols, au lieu de 10 livres; les écus d'or 5 livres 12 sols au lieu de 5 livres 4 sols et les louis d'argent 3 livres 8 sols au lieu de 3 livres.

Cet *exhaussement* était fait pour favoriser les détenteurs de pistoles, d'écus légers d'or et d'écus légers d'argent qui devaient porter leurs espèces aux hôtels et les faire transformer en louis d'or, écus d'or et louis d'argent. Au cours des mois suivants, la mesure se tourne contre le public et favorise les émissions de rentes. En effet, dès le mois de mars 1652, le Conseil du Roi déclare que les monnaies d'or et d'argent ont un cours *exhaussé* et que le louis d'or ne vaudra plus que 14 livres et le louis d'argent 3 livres 6 sols. Cette première tentative d'abaissement des cours n'eut guère de succès. En août 1652 le louis monte à 12 livres, l'écu d'or à 6 livres 4 et le louis blanc à 3 livres 10. Ce cours était officiellement reconnu le 7 mars 1653 (2). Or, on était à la veille d'une émission de 500.000 livres de rentes au capital de 9 millions de livres, à 5 1/2 p. 100 d'intérêt, taux inférieur aux avances des particuliers qui variait de 10 à 15 p. 100. Puis l'incertitude la plus grande était redoublée quant à l'irrégularité de paiement des quartiers de rentes (3). La souscription ne paraissait avoir aucune chance de succès. Une ordonnance du 1ᵉʳ juillet fixe le cours du louis d'or à 11 livres

---

la fabrique de ces doubles avait duré pendant les trois années qu'elle avait été ordonnée.

1. Boizard, p. 114.
2. Chambre des Députés. Manuscrit C. m ia.
3. Registres de l'Hôtel de Ville, Arch. nat., années 1652 et 1653.

10 sols, celui de l'écu à 5 livres 19 sols, celui du louis blanc à 3 livres 9 sols. On annonçait officiellement pour l'avenir des diminutions progressives, car le cours porté dans l'édit n'était imposé que jusqu'à fin septembre. En octobre (1), le cours est de 11 livres pour les louis d'or, 5 livres 4 sols pour l'écu de même métal, 3 livres 6 pour les louis d'argent, et le 1er avril 1654, 10 livres pour les louis d'or, 5 livres 4 pour l'écu d'or et 3 livres pour le louis d'argent. La perte que subissaient les détenteurs d'espèces était d'un sixième (2). Aussitôt :

> Chacun épuise ses cassettes
> Pour acquitter ses vieilles dettes
> . . . .
> Jadis, pour avoir de l'argent,
> Un homme de bien, un sergent,
> Allait dire aux gens : « Je vous somme
> De payer, à tel, telle somme;
> Il ne veut plus faire crédit. »
> Et, maintenant, le sergent dit
> A Monsieur, à Mademoiselle :
> « Je vous somme de tant et de tant
> Dont Monsieur Tel, homme solvable,
> Maintient vous être redevable » (3).

Colbert, sachant que Mazarin avait de 150.000 à 200.000 livres de disponibles, propose « pour les sauver de la perte du rabais des monnaies » de faire un prêt au Roi, à 15 p. 100, avec assignation sur un bon fonds (4).

Le commun des capitalistes souscrivait des rentes, en apparence au denier 18, soit 5 1/2 p. 100, mais, en réalité, pour obtenir 5 livres 1/2 de rentes, on versait d'abord 100 livres, puis on recevait de la part du Roi une remise de 9 livres qui était touchée par les souscripteurs (5), grâce à des ordonnances délivrées sur l'Épargne, sans aucune justification correspondante. Beaucoup de souscripteurs se libéraient d'ailleurs d'une partie de leur dû en apportant de vieux

1. A. N. KK 957.
2. CLÉMENT, *Lettres de Colbert*, VII, LXXI.
3. LORET, *La Muse historique*, 26 septembre 1653, T. I, p. 443.
4. *Lettres*, II, p. 14, note.
5. *Défenses*, L. V.

billets, de vieilles assignations, provenant des exercices passés. Elles étaient comptées pour leur pleine valeur, surtout si le porteur était un brasseur d'affaires très en cour auprès des surintendants. Aussi au taux apparent de 5 1/2 p. 100, il fallait substituer, après correction, un intérêt qui se rapprochait du taux de 10 à 15 p. 100, demandé par les traitants lorsqu'ils faisaient des avances au Roi.

La première tontine. — Cet expédient devait favoriser aussi l'émission de la première tontine (1). Les rentes perpétuelles constituées sur l'Hôtel de Ville avaient, pour le Roi, l'inconvénient d'obliger à un service de paiements réguliers des quartiers de rentes, ou, tout au moins, l'irrégularité des paiements entraînait les troubles que l'on sait. Un compatriote du Cardinal prétendit trouver un moyen d'attirer les fonds des particuliers en évitant les difficultés du système des rentes, dans un avenir plus ou moins éloigné. Laurent Tonti (2) proposa de créer une société royale composée de dix sortes d'intéressés, ou de dix classes (3). Le fonds serait de 20.500.000 livres en espèces; les rentes viagères, avec perte des capitaux versés, ne seraient payées aux intéressés, d'abord qu'à raison du denier 20, ou 5 p. 100, faisant 1.025.000 livres de rentes, à raison de 102.500 livres de rentes pour chaque classe, mais avec accroissement de part du mort au profit du survivant, en sorte que, à la fin, le survivant de chaque classe jouirait seul, jusqu'à sa mort, de 100.000 livres de rentes provenant des arrérages du fonds de sa classe au lieu de 102.500 livres, car il y avait 25.000 livres de rentes prélevées chaque année sur les dix classes pour les frais de régie.

(1) Chambre des Députés, manuscrit C. m ia.

(2) Forbonnais (t. I. p. 262) place la première tontine à l'époque de la surintendance du marquis de la Vieuville. Or, le dit marquis mourut le 16 janvier 1653 et la tontine ne fut lancée qu'en novembre 1653.

(3) Les dix classes furent ainsi réparties : la 1re, enfants, du jour de la naissance à l'âge de 7 ans; la 2e, de 7 ans à 14 ans; la 3e, de 14 ans à 21 ans; la 4e, de 21 ans à 28 ans; la 5e, de 28 ans à 35 ans; la 6e, de 35 ans à 42 ans; la 7e, de 42 ans à 49 ans; la 8e, de 49 ans à 56 ans; la 9e, de 56 ans à 63 ans; la 10e, de 63 ans et au delà.

Après quoi cette classe demeurerait éteinte au profit du Roi. Et ainsi, successivement de classe en classe, jusqu'à extinction de chacune, et finalement du tout: au moyen des 20.500.000 livres de fonds réunis, Sa Majesté se trouverait en état de faire payer les arrérages en retard des rentes de l'Hôtel de Ville et assurerait les paiements dans l'avenir.

Un édit, de novembre 1653, assigna les arrérages de ces 20.500.000 livres de fonds sur le produit des entrées de Paris. Chaque part, ou action de la tontine, ne fut que de 300 livres de principal, pour attirer le plus de personnes possible.

L'intérêt n'était d'abord que de 15 livres, et augmentait, ensuite, par le décès des actionnaires de la classe dont on était. Il fut permis à toutes personnes de quelque sexe ou état qu'elles fussent, même aux étrangers et aux femmes séparées, de prendre une ou plusieurs actions, sans que le fonds ou les arrérages courants, ou à venir, pussent être saisis pour dettes, pas même pour les deniers et affaires de Sa Majesté, ni sous quelque prétexte que ce pût être, ce qui fit verser en très peu de temps les 20.500.000 livres dont le capital de cette tontine devait être composé.

Pour la répartition des arrérages et de leurs accroissements, on ordonna, par le même édit, qu'après la clôture des bureaux, ouverts pour recevoir les fonds de chaque classe, les principaux bourgeois de Paris, intéressés à une même classe, choisiraient douze d'entre eux, pour en avoir l'administration avec pouvoir d'élire un autre bourgeois, bon et solvable, pour recevoir, des fermiers des entrées de Paris, le montant des arrérages annuels du fonds de la classe, et en faire la distribution aux rentiers avec les accroissements qui leur seraient survenus par le décès de quelques-uns d'entre eux; à chacun des receveurs il fut attribué 1.250 livres de taxations ou honoraires par an.

Les intéressés incorporés dans les premières classes n'étaient pas capables, vu leur bas âge, d'administrer. Les douze directeurs de chacune des sept autres classes durent s'assembler pour élire trente-six d'entre eux, qui conduiraient les trois premières et nommeraient un receveur par classe, jusqu'au jour où les intéressés de ces trois premières catégories fussent parvenus en âge de les diriger eux-mêmes.

Chaque receveur rendait compte de son maniement de
fonds aux douze administrateurs qui, tous les deux ans,
exposaient leur gestion aux cent plus anciens de leur classe
et procédaient, en même temps d'ailleurs, à la nomination
de douze nouveaux directeurs, et ainsi, toujours, de deux
ans en deux ans, jusqu'à extinction de chaque classe (1).
Tonti fut nommé contrôleur général à vie, avec 12.500 livres
d'appointements pour la première année: puis augmenta-
tion, suivant la progression des parts dans chaque classe.
Il avait pour mission d'enregistrer gratuitement toutes les
quittances et autres actes nécessaires à la constitution du
capital.

Cette opération a été vivement critiquée au point de vue
financier. Forbonnais (2), tout en reconnaissant qu'il est des
circonstances où la rareté de l'argent et la nécessité d'en
avoir forcent quelquefois de déroger aux lois de l'économie,
indique que la Tontine avait le grave défaut de ne pouvoir
être éteinte qu'après un siècle. Or notons que ceci n'était
vrai que pour le service des rentes viagères de la première
classe composée d'enfants âgés de moins de sept ans: pour
les autres, le dernier survivant disparaissait sûrement avant
ce laps de temps. Plus exacte est l'affirmation du même
auteur relativement au tort fait aux familles par ces modes
de placement. Le capital s'évanouissait au décès de celui
qui plaçait son argent. Forbonnais préconisait, avec raison,

_____

(1) Les dix receveurs de Sa Majesté délivraient gratuitement les
quittances des fonds versés par les inscrits dans les dix classes. Sur
ces quittances, on lisait le nom de l'acquéreur, le nombre d'actions
qu'il avait achetées, la classe où il entrait, et la somme payée.
Elles étaient enregistrées au Contrôle général de la Tontine, établi
à cet effet, avec un extrait baptistaire, en bonne forme, dans lequel
on spécifiait les nom et surnom de l'acquéreur, celui de son père, de
sa mère, le lieu de sa naissance, de sa demeure, de sa paroisse,
l'évêché, le bailliage, afin d'éviter les fraudes.

Si un des actionnaires négligeait de recevoir ses arrérages, les
intérêts étaient reportés au profit de ceux qui existaient, jusqu'à
ce que les actionnaires en retard eussent fourni les certificats de
vie. Alors ils obtenaient leurs paiements d'intérêts, sans rien avoir
à prétendre sur le passé.

(2) T. I. p. 262.

comme étant supérieur à ce système, un mode d'emprunt avec amortissement par annuités, en y attachant un intérêt qui aurait cessé d'être servi à la mort du prêteur; le remboursement du capital continuant au profit des héritiers.

Au lieu de constituer des réserves, grâce à ces sommes importantes qui revenaient au Trésor, un peu contre toute attente, et grâce à des opérations monétaires qui constituaient des expédients, la Cour et les surintendants dépensèrent sans mesure. Sur les états de comptes, on relève des gratifications. Les anciens frondeurs en ont une bonne part (1). Fouquet et Servien reçoivent, à eux deux, 28.000 livres de Sa Majesté, et 20.000 livres pour leur ameublement (2). Mazarin en profite pour achever la liquidation des Cantarini et des Cenami. Ces banquiers étaient détenteurs de vieilles assignations. Colbert en relient, comme revenant à son maître, pour 1.800.000 livres sur la liquidation Cantarini, et pour 650.000 livres « de ceux qui sont échus en la part du sieur Cenami pour nantissement de ce qu'il doit à votre Eminence. J'estime que c'est une très grande et très importante affaire que j'ai pour votre Eminence et encore beaucoup plus pour sa maison, qui eût été fort embarrassée de discuter des livres de banquiers et tous leurs comptes » (3). Colbert savait par expérience que de mauvais billets qui lui tombaient « entre les mains pouvaient valoir avec du temps et du secret » (4). On profitait de la facilité de contracter des emprunts pour consommer les revenus des années 1655 et 1656. Et chacun faisant largement ses affaires, celles de l'État allèrent fort mal. Les prêteurs devenaient rares bien que Mazarin pressât Servien et Fouquet d'emprunter en leur nom, et proposa de faire personnelle-

---

(1) B. N.-V⁰ COLBERT, Vol. 106, Compte du quartier de janvier 1653.

(2) *Lettres*, I, 101.

(3) *Lettres de Colbert*, I, p. 225. Ces faits révélés par Colbert sont à rapprocher de l'affirmation de Fouquet : *Défenses*, t. VI, p. 48. « Les billets nous ont été présentés ou par les gens de M. Cardinal, c'est-à-dire par MM. de Villeroy et Colbert, ou par leurs commis, Le Bas, Picon et Berryer, ou par M. Hervart.

(4) *Lettres*, p. 69.

ment des avances: les ministres et les commis réunirent quelques fonds, qui s'évanouirent aussitôt (1).

Mazarin, Servien et Fouquet pensèrent que les expédients financiers qui avaient réussi en 1653 seraient encore bons en 1656 et l'on tenta d'attirer les capitaux en décriant la valeur de la monnaie (2). Au début de 1656, un édit, sous prétexte de contrefaçon de louis d'or et d'argent, par les faux monnayeurs, ordonna une refonte générale des monnaies. On allait frapper des lys d'or et des lys d'argent. Au mois de juillet 1656 (3), le Trésor lançait une émission de 250.000 livres de rentes, 4 7.14 p. 100 d'intérêts, pour un capital de 3.500.000 livres. Les droits ordinaires sur les aides ayant été augmentés et produisant une plus-value considérable devaient permettre de servir les quartiers des nouveles rentes (4).

La refonte n'eut aucun succès. L'opinion publique accrédita le bruit que le cours des lys était surélevé, à bon escient; que, à peine frappés, on réduirait successivement leur valeur nominale. Les notaires stipulent dans leurs actes que les paiements auront lieu en louis (5), exclusivement, dont le cours, fixé à 10 livres, était accepté à l'étranger pour 11 livres. Un arrêt enjoint à tous de recevoir les lys, et déclare le débiteur libéré après versement fait en cette monnaie. Le Parlement s'agite: ses Chambres s'assemblent, malgré la défense royale. On exile cinq conseillers, ce qui n'améliore en rien la situation. Et, tout en maintenant, pour la forme, la frappe des lys, en fait, on y renonça. Le 29 avril,

---

1 Fouquet, *Défenses*, t. V, p. 65.

2 B. N. ms. fr., 23202, p. 125.

3 A. N. KK 987.

4 Ch. des Députés, Manuscrit C. m ia. Mémoire de Turenne, année 1655. Ed. Michaud, p. 468.

5 La valeur des lys d'or était de 7 livres, 24 carats de titre, au remède d'un quart de carat. La taille, de 60 pièces 1/2 au marc, le remède, d'un quart de pièce. Ils pesaient 2 deniers 28 grains. Les lys d'argent vaudraient 20 sols, leur titre serait de 11 deniers 12 grains, au remède de 3 grains, à la taille de 30 pièces 1/2 au marc, au remède qu'un quart de pièce; ainsi, ils pesaient 6 deniers 7 grains.

pour éviter le transport de nos bonnes monnaies. on fixa
le cours du louis d'or à 11 livres au lieu de 10 livres: de
l'écu d'or à 5 livres 4 sols. Après cette tentative. une seule
mesure fut prise par le surintendant Fouquet en matière
de monnaies. Les nations étrangères. en soutirant notre or.
avaient inondé le pays de liards de cuivre qui circulaient
pour 3 deniers. Le 20 juin 1658. on fixa leur valeur à 2 deniers, puis à 1 denier. Le menu peuple. atteint par ces réduc-
tions. protesta et on maintint le cours de ce billon à 2 deniers.

Les émissions de rentes (1). au contraire. continuèrent.

---

(1) Voici le détail des emprunts faits à cette époque : Avril 1657.
184.000 de rente sur les gabelles et depuis sur les entrées. 580.000
sur les cinq grandes fermes. 900.000 sur les entrées de Paris. soit
1.664.000 livres au denier 16 (6,30 p. 100). Capital 29.952.000 livres.
A la date du 18 mai 1656 le produit de la ferme générale des
gabelles est insuffisant. les 184.000 livres de rente d'avril 1657.
commuées et réassignées sur les entrées de Paris. On créa, en outre,
400.000 livres de rente : — Novembre 1657. 1 million de rente au
denier 18 (5 1/2 p. 100). Capital 18 millions sur les 5 grandes
fermes. aliénées au prévôt des marchands et échevins de Paris:
Février 1658. 665.436 livres de rente au denier 18 (5 1/2 p. 100).
Capital. 11.977.848 devant être employés par le prévôt des marchands et échevins de Paris au remboursement des offices de contrôleurs conservateurs des fermes et leurs lieutenants créés en 1638,
assignés sur les revenus de toutes les fermes de Sa Majesté, à
l'exception de la ferme des Gabelles. de celle des patentes de Languedoc, Provence. Dauphiné, douane de Valence: — Avril 1658. Les
peuples se trouvant accablés par les tailles, le Roi résolut de les
diminuer pour l'année 1659 à six millions: pour remplacer ce fonds
manquant. 400.000 livres de rente au denier 18 (5 1/2 p. 100) assignées sur les cinq grandes fermes. Capital 7.200.000. Contrats d'alié-
nation passés aux prévôts des marchands et échevins; outre les
particuliers, tous ceux qui avaient été intéressés directement ou
indirectement dans les affaires de finances depuis 30 ans devaient.
même les officiers comptables. leurs veuves et enfants et leurs
héritiers. acquérir ces rentes suivant les rôles arrêtés au Conseil:
— Avril 1659. Les droits des recettes générales des finances sont
accrus par la suppression des offices de directeurs des tailles, de
contrôleurs-conservateurs des fermes. offices quatriennaux de
contrôleurs élus, greffiers et payeurs de gages et droits des officiers
des élections. contrôleurs provinciaux des parties dont les offices
avaient été vendus à des prix fort disproportionnés du produit des
gages, droits et privilèges.

Trois, en 1657 et en 1658, la plus considérable au capital de 83.574.000 livres en 1659, faite au taux de 6 1/2 p. 100 et 5 1/2 p. 100, mais en apparence seulement. Fouquet avoue qu'elle atteignit de 16 à 25 p. 100 dans la réalité. Car les traitants qui procuraient les fonds, en sollicitant les détenteurs de capitaux disponibles à Paris et en province, bénéficiaient de remises importantes, ou trouvaient l'occasion d'écouler des assignations sur de mauvais fonds. Ils étaient d'ailleurs, en partie, excusables de leurs exigences, puisque l'une des émissions leur fut imposée jusqu'à concurrence d'un capital de 7.200.000 livres. Le Clergé, outre une subvention annuelle de 1.292.900 livres, renouvelée pour dix ans, à partir de 1657, versait, bien malgré lui, un don gratuit de 2.700.000 livres « pour réparer l'épuisement des peuples ».

Mazarin ordonnateur occulte. — Malgré ces apports incessants de capitaux, le Trésor ne constituait aucune réserve. Les surintendants n'avaient pas vu un millier d'écus accumulés. L'or était sans cesse pris par les détenteurs des billets de l'Epargne, des assignations, des acquis de comptants. Par un édit (1) du 17 décembre 1652, on avait arrêté des dispositions pour ne plus être gêné par le maximum de 3 millions pour les dépenses du comptant, limite imposée par le Parlement aux mauvais jours et que Mazarin avait tenu personnellement à faire supprimer. Ce fut lui, en effet, qui s'adressa le plus souvent à l'Epargne, comme munitionnaire des armées, et dispensateur des fonds secrets aux agents diplomatiques. Il put faire des appels d'autant plus fréquents que le contrôle financier était inexistant. L'impossibilité pour les surintendants d'ordonnancer les fonds — fonction réservée à Hervart —, la rivalité entre Servien, Fouquet et Hervart expliquaient suffisamment le désordre du Trésor. En

créations pour les rembourser et parer aux plus pressants besoins de l'Etat : 4.643.000 livres de rente au denier 18. Capital 85.574.000 livres.

(1) Le même édit prononçait que les dépenses ordonnancées sous cette forme seraient employées par certification, dans les comptes du trésorier de l'Epargne, et allouées purement et simplement par la Cour.

effet, les deux surintendants avaient de fort mauvais rapports. Caractère hautain, hésitant, Servien eut à subir la
haine des courtisans et des gens d'affaires dont le crédit était
toute la subsistance de l'État. Fouquet, souple, avait la confiance des traitants qui, en 1654, refusaient de négocier avec
Servien (1).

Le Cardinal, peu soucieux des rivalités de personnes, l'était
beaucoup de la possibilité d'alimenter le Trésor; d'autant
qu'à la fin de 1654 il avait « de grands desseins de guerre
qu'il méditait au printemps. C'était une chose cruelle de
n'avoir devant soi aucun fonds assuré et n'en avoir aucun
pour l'avenir ». Fouquet ne cacha pas que l'humeur peu
accommodante de Servien éloignait les gens d'affaires et qu'il
fallait rassurer ces derniers. Ses maximes étaient de « ne
jamais manquer de parole pour quelque intérêt que ce fût;
ne menacer jamais de banqueroute; ne point tant parler de
taxes sur les gens d'affaires, les flatter, et, au lieu de leur
disputer des intérêts et profits légitimes, leur faire des gratifications et des indemnités de bonne foy, quand ils avaient
secouru à propos. Le principal secret en un mot était de leur
donner à gagner, étant la seule raison que l'on veut bien
courir quelque risque. Surtout, établir la réputation d'une
sûreté de paroles si inviolables qu'on ne croye pas même
courir aucun danger » (2).

Mazarin vit le parti qu'il pouvait tirer de cette situation,
et, par un règlement du 24 décembre 1654, Servien fut chargé
de tous les ordonnancements et du mouvement des fonds,
la signature de Fouquet étant de pure forme. Ce dernier
restait seul chargé des relations avec les traitants et les gens
d'affaires, pour trouver des ressources extraordinaires, ayant
toute liberté d'accorder telles remises, de donner tels intérêts,
et telles gratifications qu'il lui plaisait. Hervart perdait sa
situation d'ordonnateur exclusif des fonds. Il ne devait par
la suite en savoir aucun gré à Fouquet, qui reconnut que,
« du vivant de M. le Cardinal, le sieur Hervart a été l'un des

---

1 *Lettres, instructions et mémoires de Colbert*, t. II, 1ʳᵉ partie,
p. 25 du mémoire sur les affaires de finances.
2 *Défenses*, in-4°, p. 42.

principaux instruments dont on s'est servi pour perdre le suppliant: qu'il était son ennemi déclaré... »

Au dire de Fouquet (1), Mazarin, pour récompenser les deux surintendants de leurs services, les engageait à retenir, outre leurs appointements, cent mille écus, afin de soutenir les affaires avec éclat. Ils n'acceptèrent pas ces dons faits si libéralement avec l'argent du Trésor, mais ils eurent moins de scrupules pour avantager les autres (2).

Mazarin bénéficiaire du Trésor. — Servien et Fouquet avaient bien officiellement les charges de surintendants, et si, en principe, ces hauts fonctionnaires ne relevaient que du Roi, en fait, de 1654 à la mort de Mazarin, ils dépendirent surtout du premier ministre.

Celui-ci avait d'ailleurs organisé l'Epargne de telle sorte qu'on ne fût point cruel à son égard. La différence des caractères aidait le cardinal. Servien aimait l'indépendance. En 1653, ne retranchait-il pas deux millions d'une somme réclamée par le Cardinal pour des fournitures. Fouquet, redoutant les mauvais sentiments de Colbert, « qui n'entendait pas raillerie lorsqu'on refusait d'alimenter les coffres de son maître » (3), profita d'une absence de son collègue et paya la somme. Servien, reconnaissant son impuissance, n'osa plus créer ouvertement d'obstacles, mais il ne cessa pas de faire une opposition secrète. Mazarin prit alors la décision d'introduire ses propres agents dans les services de l'Epargne.

En premier lieu, Colbert, qui se présentait sans cesse chez Fouquet pour le prier d'exécuter tout ce qu'Hervart sollicierait et de ne pas s'arrêter à quelques difficultés. Car Mazarin était très impatient de toucher les sommes qu'il prescrivait. Lorsqu'on lui opposait la nécessité d'accomplir les formalités voulues, il répétait « mille fois qu'il ne se souciait pas de toutes ces chicanes et qu'on fît par telles voies qu'on aviserait, qu'il n'y eut plus de délai aux expéditions de

---

1 *Défenses*, XVI, p. 149 et XIII, p. 13.
2 DE COSNAC, *Mazarin et Colbert*, II, p. 120.
(3) *Défenses*, XIII, 299.

l'Epargne » (1). Aucune forme n'était respectée. Le Cardinal ne s'obligeait que verbalement ou par écrit sans signature; et Fouquet avoue qu'il n'eût pas osé demander « un pouvoir par écrit de ce que le Cardinal commandait ». Bien plus, les commis du surintendant devaient ignorer le destinataire des fonds. Les agents du Cardinal, qui avaient leurs entrées permanentes à l'Epargne, ne se disaient pas, l'un par rapport à l'autre, les sommes touchées par le maître. Ces agents et amis étaient, outre Hervart et Colbert, Gourville, qui, recommandé à Mazarin par le Roi, s'était vu commanditer par le ministre lui-même pour qu'il pût entrer dans les finances (2), Pélisson, qui faisait la liaison de M. Hervart et de M. Colbert, très ami aussi avec Gourville et un certain Berryer, grand brasseur d'affaires pour son compte et pour celui du Cardinal (3). Ce groupement d'hommes opérait avec

---

1. Mazarin suivait à la lettre le conseil de Colbert, qui lui avait dit de remettre sa fortune à flot, grâce aux assignations sur diverses branches des revenus de l'Etat, par exemple de demander, tant pour ses appointements que pour remboursement de certaines avances, une assignation de 150.000 livres sur la ville de Marmande et diverses autres assignations montant ensemble à 1.500.000 livres.

2. Mazarin parla de ce projet à Fouquet, qui lui représenta que cela paraissait impossible. Ceux qui faisaient ces traités étaient obligés de prendre de gros courtages; qu'ils se mettaient plusieurs ensemble, tous gens ayant du crédit, qui trouvaient de l'argent pour l'Epargne; « que je n'avais ni l'un ni l'autre. M. le Cardinal répondit qu'il lui était dû 2.700.000 livres d'avances qu'il avait faites pour le service du Roi, dont M. Fouquet devait lui donner des assignations; qu'il se contenterait volontiers qu'il lui en donnât sur le traité que je ferais ». En peu de jours, Gourville trouve des bailleurs de fonds parmi les personnes qui avaient fait des traités pour la Généralité de Guyenne. Fouquet considérant que, si le Cardinal n'avait pas ses assignations, il en demanderait sur d'autres fonds, aide Gourville qui fait un billet, portant promesse de payer à l'ordre de S. Exc. 2.700.000 livres en quinze paiements égaux, de mois en mois, le premier commençant en octobre 1657. La somme était payée à Colbert, qui donnait des décharges, remises aux associés; de Villacerf tenait le registre des finances du cardinal. — *Mémoires de Gourville*, p. 522, Ed. MICHAUD.

3. *Défenses*, VI, p. 31. — CHÉRUEL, *Lettres*, V, p. 638. — *Défenses*, VI, p. 248. — *Défenses*, XIII, p. 299.

Fouquet une sorte de concentration financière (1). En relations avec les traitants Tabouret, Jacquier, les Rambouillet, les frères Girardin, Faber; ayant des correspondants en province et à l'étranger, ils pouvaient provoquer le mouvement des sommes disponibles de la capitale et de la province. On conçoit qu'appuyé sur de telles puissances, les volontés du Cardinal fussent pour Fouquet des ordres (2). Aussi le surintendant ne redoutait-il rien tant que les séjours du Cardinal à Paris, car Mazarin se plaisait alors « à faire le moindre petit détail de chaque chose » (3), s'occupant du change sur Hambourg ou sur l'Italie, donnant des ordres ou en faisant donner par Colbert pour percevoir promptement des fonds de l'Epargne, et en faire délivrer à ceux qui étaient en relation d'affaires avec lui; participant aux adjudications des fermes des gabelles sur lesquelles il touchait de fortes commissions (4). Les prétextes les plus variés servaient aux demandes d'argent.

Après la rentrée du Cardinal en France, Colbert avait sollicité un arrêt du Conseil ordonnant que tous les objets détournés soient réintégrés immédiatement au Palais. La valeur des objets non retrouvés devait être remboursée en argent par l'Epargne (5).

Un fermier a-t-il obtenu, en octobre 1657, de passer un traité sur l'affaire des menues monnaies, Fouquet fait savoir

---

1. *Aff. étrang. France*, XXV, 318, 320. — *Défenses*, XV, p. 295, XIII, p. 76 et 245; II, 215.

2. *Défenses*, VI, 240. La plupart des traités que faisaient ces personnes étaient rédigés sous des noms d'emprunt. *Défenses*, XIII, p. 132.

3. Le Cardinal flattait les hommes d'affaires par tous les moyens. Le 16 septembre 1655, pour aller de Paris à Fontainebleau, la Cour fait halte à Essonnes chez Hesselin, financier, maître de la Chambre aux deniers.

(4) *Défenses*, 10, p. 239.

5. Pour obtenir le gouvernement de La Fère, il faut 150.000 livres. A la fin de juillet, Mazarin écrit à Colbert : « Cette affaire est si importante pour la Reine, et si bonne pour moi, que je m'assure que vous n'oublierez rien pour la faire réussir ». CHÉRUEL, V, p. 638, et sur le même sujet : *Lettre à Fouquet*, CHÉRUEL, VI, p. 71.

qu'il ménage deux mille louis d'or de gratification au Cardinal (1).

Mazarin munitionnaire. — Les chefs principaux de la dépense proviennent de ce que le Cardinal se charge, à forfait ou *en gros*, des dépenses relatives à la guerre, à l'entretien des vaisseaux, galères, artillerie, fortification, dépenses des ambassadeurs, pensions étrangères et divertissements du Roi, ballets, comédies, deuils de la Cour et renouvellement des meubles, vaisselle, etc. (2). Lorsque d'Emery était surintendant des finances, le Cardinal devait justifier le bien-fondé de ses demandes d'argent, et le ton de certaines de ses lettres n'est pas sans donner l'impression de quelque inquiétude (3). Par la suite le Cardinal n'entendit fournir aucun détail, aucune explication. Il touchait *en gros* une somme variable, suivant les années, de 18 millions à 25 millions, sans compter le *Petit comptant* (4). De cette dernière somme il ne rendait compte à qui que ce soit. Elle devait servir à payer les pensions aux agents étrangers (5). Car Mazarin fit de la diplomatie, d'autant plus persuasive, qu'il mit à la disposition de ses qualités naturelles les ressources du Trésor, presque officiellement (6). Le Cardinal entendait d'ailleurs qu'aucune somme ne fût payée dans les rapports diplomatiques sans son ordre (7).

On conçoit aisément la multiplicité des opérations aux-

---

(1) *Défenses*, IV, p. 294.

(2) Juillet 1659. Cf. *Défenses*, t. IV, 295.

(3) *Défenses*, in-4°, p. 45.

(4) *Aff. Etrang., Mémoires et documents*, 1491, f°° 202 verso à 205 verso.

(5) *Aff. Etrang., France*, VI, f°° 95-98.

(6) *Défenses*, IV, p. 289, et *Carnet de Mazarin*, 2° carnet, pp. 22 et 38 ; Mazarin s'efforçait d'acquérir des amitiés ou de calmer ses ennemis.

(7) 2° carnet (1643), pp. 22 et 38.

Quand Madame de Chevreuse, exilée, revient en France, Mazarin conseille à la Reine, pour l'acquérir à sa cause, de lui faire présent de sommes considérables : de cinquante mille livres, une première fois, et plus tard de deux cent mille. Madame de Chevreuse prenait l'argent, mais ce qu'elle voulait surtout, c'était le pouvoir.

En septembre 1650, le Parlement de Bordeaux abandonne les

quelles pouvaient donner lieu des entreprises aussi variées.
Il est curieux de suivre cette activité financière dans les cor-

---

frondeurs, grâce à d'habiles distributions d'argent (*Mémoires de
P. Lenet*, éd. Michaud, p. 401).

En 1644, Mazarin, pour accroître l'influence française auprès du
Pape, augmentait la pension du Cardinal Antoine Barberini, neveu
du Pape, « qui pouvait balancer l'influence de son frère aîné, François Barberini, dont on redoutait l'hostilité (*Lettres de Mazarin*,
pp. 11 et 75).

19 mars 1644. A M. de la Thuillerie, ambassadeur de France
auprès de la Hollande. « ... Celle-cy est pour vous donner avis que
« le sieur Hervart vous envoie, par ordre de Sa Majesté, une lettre
« de change de 100.000 richsdalles pour Madame la Landgrave de
« Hesse, laquelle somme vous prendrez, s'il vous plaît, la peine de
« délivrer au sieur de Vicfort, son résident près MM. les Etats,
« et en recevrez les reçus et décharges accoutumés en telles
« affaires » (CHÉRUEL, *Lettres de Mazarin*, I, p. 631).

26 juin 1648. A. M. Servien. Mazarin donne avis à Servien des
informations qu'il a reçues de divers côtés. Il désire vivement la
conclusion de la paix. Il promet d'envoyer des fonds à Servien pour
faciliter la négociation, et lui dit qu'en attendant il peut faire traite
sur lui et promet de s'acquitter avec ponctualité. « Quand je devrais
« vendre ma vaisselle pour cela. Vous croyez bien, je m'assure que,
« puisque je répandrais avec grand plaisir tout mon sang pour le
« moindre avantage de cette couronne, je n'aurais pas grande peine
« aussi à me défaire de tout ce que je possède au monde, qui n'est
« qu'un peu de meubles, quand il serait question de rendre quel-
« ques services, tant soit peu importants ». *Aff. Etrang., Allemagne.*
CXX, pièce 82.

Le 16 février 1648, par l'intermédiaire des frères Cenami, le
Cardinal fait parvenir cent mille livres au duc de Modène, douze
mille au résident du roi de Pologne à Rome (*Aff. Etrang., Lettres
de Mazarin*, t. 23, f° 75. Cf. aussi *Lettres à Valenti*, id., f°ˢ 124, 125,
126, 181, 182-221, 222. CLÉMENT, *Lettres de Colbert*, I, p. 66). Le
26 juin, pour faciliter la conclusion de la paix. Mazarin promet
à Servien l'envoi de fonds « régulièrement payés », *Aff. Etrang.,*
23-26 juin 1648. *Aff. Etrang., Allemagne,* 104, p. 82 ; *Aff. Etrang.,*
vol. 291. *France,* 7 juin 1657 : lettre sur la nécessité de trouver un
million pour faire échouer l'élection de Léopold, fils de l'empereur
Ferdinand III, décédé. Mazarin s'inscrit comme prêteur et fait inscrire tous les fonctionnaires de l'Epargne.   sur le même sujet .
Aff. Etrang., t. 24 des *Lettres de Mazarin,* 24 juillet 1658-17 avril
1661. B. N. *Mélanges Colbert,* 102, f° 473 : somme destinée au député
de l'Archiduc.

respondances de Mazarin et de Colbert: car les lettres adressées à Fouquet ne nous sont pas parvenues. Colbert les fit disparaître dès le début du procès du surintendant (1).

Nous voyons Mazarin, trésorier des armées de terre et de mer, presser les intendants des provinces maritimes de faire faire des avances, par les armateurs, pour apprêter des vaisseaux dont usera le roi. Un régiment qui, las de ne pas être payé régulièrement, est prêt à abandonner le service de la France reçoit des fonds du Cardinal qui, dans ce cas, ne joue guère qu'un rôle d'intermédiaire entre le Trésor et les bénéficiaires (2).

Il semble bien que, s'il en avait eu la possibilité, il se serait adonné avec passion aux armements et aux entreprises maritimes. Il fut un des associés de la Compagnie du Nord et reçut, à ce titre, outre des gratifications, des appointements fixes. Il mettait, en échange, à la disposition de la Compagnie, son influence. Deux vaisseaux ont-ils été pris par les Anglais ? Notre ambassadeur, M. de Bordeaux, devra s'employer à les faire restituer (3).

Il arme deux galères, pour se livrer à la course, dans la Méditerranée (4). Les navires qu'il affecte à ce service (5) rapportent beaucoup plus que la marine marchande, que l'on vend, en 1651, à des particuliers, car les vaisseaux se détérioraient, faute de réparations. Les entreprises commer-

(1) *Aff. Etrang., France,* 118, pièce 11.
(2) CHÉRUEL, *Lettres de Mazarin,* I, 594, 645.
(3) *Aff. Etrang.,* 25, f⁰ˢ 293, 294, 300, 301.
(4) *Mémoires de Turenne,* p. 508. *Aff. Etrang., Tunis,* I, 12.
(5) Cette entreprise d'un genre un peu spécial nous est prouvée par la lettre de Colbert du Terron, 1ᵉʳ novembre 1653. *Aff. Etrang.,* vol. 118, fonds France : « Monseigneur, les deux galères qui ont « été armées par ordre de Votre Eminence, ayant fait prise aux « îles d'Yères d'un vaisseau flamand chargé de plusieurs sortes « de marchandises sans aucune police de chargement, j'ai fait « travailler aux procédures en toute diligence, et comme elles me « donnent beaucoup d'espérance que ledit vaisseau sera jugé de « bonne prise, j'ai cru qu'il était nécessaire de les envoyer par un « courrier exprès, de peur que le retardement ne pût porter préju- « dice. Votre Eminence sera informée par mon frère du détail de « cette prise... Je ne manquerai pas de lui en faire savoir la juste « valeur aussitôt qu'elle sera déchargée. »

ciales et les grandes Compagnies n'eurent, en effet, aucun
succès sous le gouvernement de Mazarin (1). Il en concevait
le projet avec plaisir. Pour le faire réussir, il fallait un
esprit de suite, une patience, qui n'étaient pas dans son tempérament (2). Il eût peut-être suffi qu'il donnât « un peu de
protection après les premières dépenses », mais il n'en alla
pas de la sorte. Une opération relative au « Bastion de
France » (3), en Afrique, échoue. Echec, aussi, dans l'entreprise faite de compte à demi avec le maréchal de La Meilleraye pour le commerce à Madagascar.

Le Cardinal fut un armateur malheureux: mais n'oublions
pas son rôle comme munitionnaire (4). A cette occasion il
se montre grand brasseur d'affaires, « intelligent et ayant
les reins assez forts pour soutenir un emploi de cette importance, créancier exigeant du Trésor ».

Les achats de blés et de chevaux sollicitent chaque année
l'attention du ministre. M. d'Estrades, ambassadeur de
France en Hollande, lui procure les meilleurs élèves des
pâturages de Hollande. Faut-il fournir aussi les selles et les
brides ? Nouvelle occasion de traiter une affaire. Le bailli
de Valençay devra acquérir pour le compte de Mazarin le
plus de chevaux qu'il peut et surtout à bon marché. « S'il
y avait moyen de trouver quelque belle petite haquenée pour
en faire un présent au Roi, je vous prierais aussi de l'acheter,
au meilleur prix qu'il se pourrait » (5).

---

1 *Aff. Etrang., Mémoires et documents*, vol. 876 et 878.

2 *Défenses de Fouquet*, IV, p. 53.

3 Situé entre Alger et Tunis. Les environs fournissaient du
liège, et le long de la côte étaient des bancs de corail. Colbert
proposait au Cardinal de s'emparer du Bastion, puis de fonder, de
conserve avec le marquis Pallavicini, intéressé aux affaires du
Cardinal, une Compagnie commerciale au capital de 200.000 livres.
Un mandataire à Marseille, un autre à Lyon seraient chargés de
l'écoulement des marchandises : le bénéfice annuel, facile à réaliser,
serait de 50 p. 100 pour le moins. Le Cardinal entrait pour moitié
dans l'affaire, qui n'eut aucun succès. *Aff. Etrang.*, 10 octobre 1652,
vol. 885-886.

4 *Aff. Etrang., France*, vol. 875.

5 *Id.*, XXIII, fⁿ 153, 154, 200; XXIV, fⁿ 74, 75; XXV, fⁿ 117,
264, 135, 2 août 1649.

Souliers, savon, épicerie sont achetés en gros par cet intendant qui transforme aussi les blés en biscuits, quand les cours permettent de faire des stocks dans d'excellentes conditions. En homme entendu, il se renseigne sur les contrées où les prix sont les plus bas. Il achète en Italie, où ses banquiers Cenami et Cantarini, par le bon office de leurs correspondants, règlent les comptes. Ugo Fiesco reçoit au contraire les blés envoyés de France en Italie. Un autre de ses agents surveille la fourniture du pain aux troupes. Banquiers, tel Hervart et son frère ayant d'importants dépôts à Arles; intendants, prieurs, archevêques (1), gouverneurs de province sont mis à contribution pour donner des renseignements sur les localités où il y a des disponibles. Mazarin fait d'ailleurs contrôler ses propres agents par les administrateurs ou les abbés. C'est un service de cet ordre que rendra l'abbé de Clavière, qui surveillera l'agent Brachet, soupçonné de faire des achats pour son compte (2). Parfois les marchés ne sont pas avantageux. De Breteuil, intendant, a ordre de rompre le contrat de 10.000 setiers qu'il a fait sur un ordre exprès, ou, s'il est trop tard, « de tâcher de les rendre aux marchands ou de vous en accommoder dans le pays avec quelques autres, au même prix qu'il aura coûté » (3). Il faut remettre l'argent provenant de cette opération aux sieurs Cenami. A-t-on fait des achats, à Amiens, en espérant une hausse, comme celle qui s'est produite à Paris, et les prix restent-ils stationnaires ? Colbert de recommander à l'agent Hocquart de « conduire toute cette affaire » de telle sorte que l'on puisse vendre rapidement et avec bénéfice (4).

-----

(1) L'archevêque de Narbonne en octobre 1648 fait des achats variant de 60.000 livres à 100.000 livres. *Aff. Etrang., France,* XXV pp. 165, 167, 168.

(2) « Touchant ce que vous avez reconnu du procédé du sieur Brachet, je vous prie de vous rendre auprès de lui sous prétexte d'avoir charge de moi de l'assister dans ses achats, et de mander nettement ce que vous pourrez découvrir ainsi de plus particulier sur sa conduite. » *Aff. Etrang., France,* CXVIII, pièce 207.

(3) 9 juin 1648. *Aff. Etrang., France,* 264, f° 135.

(4) B. N. *Mélanges Colbert,* vol. 102, f° 216. Sur le Rhône, à Lyon

Pour les transports sur mer, les vaisseaux du Roi sont à la disposition du Cardinal, comme d'ailleurs des autres munitionnaires. Mazarin a, au contraire, des privilèges personnels lorsqu'il faut faire circuler les grains à l'intérieur. Mais alors le Cardinal devait faire connaître le nom du propriétaire du convoi (1). Ordinairement, il préférait le laisser ignorer (2), car l'enlèvement des blés d'une province ayant une récolte médiocre ou déficitaire avait pour conséquence l'élévation du prix de la vie, d'où l'irritation des masses. Pour nombre d'opérations, le nom fictif d'Albert, ou tel autre que Colbert avait jugé à propos d'inventer, figurait dans les documents (3).

Cette gestion occulte, que le Cardinal se réservait, complexe déjà par le seul fait de son étendue et de sa variété, fut encore obscurcie et par les irrégularités d'écriture que nous savons et par les confusions de maniement entre les fonds appartenant au ministre et les fonds de l'Etat. Dès 1643 et jusqu'à la mort du Cardinal, on peut relever dans sa correspondance des indications fréquentes d'avances de sommes faites à l'Etat. Or, on peut juger de l'obscurité qui devait en résulter, pour la comptabilité, par le manque de pièces comptables (4). En fait, dès que l'opinion publique

et à Valence, des blés de passage, achetés et expédiés pour le compte du Cardinal à l'armée d'Italie, furent arrêtés par les préposés au paiement des droits, en mai 1657. Afin de faire passer ces blés en franchise, Colbert suggéra au Cardinal d'envoyer à Valence un des gentilshommes de sa maison, accompagné de gardes de la prévôté de l'hôtel. Ceux-ci devaient s'embarquer sur des bateaux chargés de blé, porteurs d'ordres précis aux intendants des provinces de laisser passer les grains, avec exemption de tous droits. L'exemption des droits de Lyon à Arles rapportait 20.000 livres.

1 *Aff. Etrang., France*, 5-13 octobre 1652, vol. 835; — 21 décembre 1652, vol. 886.

2 Chéruel, *Mémoires de Fouquet. Lettres de Colbert* du 12 juin 1657.

3 La suppression du compte de l'extraordinaire des guerres, dont Mazarin fut le principal créancier, est une preuve de cette ruse. En 1650, il est de 18.121.000 livres et avec d'autres dépenses relatives aux troupes monte à 21 millions. Arsenal, ms. 4.522, fol. 158.

4 Chéruel, *Lettres*, I, p. 171. 60.000 livres sont fournies par

n'eut plus de prise sur les actes du premier ministre.
l'Epargne versa, bon an mal an, de vingt à vingt-trois millions pour les dépenses qu'il faisait comme munitionnaire;
non compris les revenus des impositions des généralités de
Châlons, Soissons, Amiens, Moulins, Grenoble.... le remboursement des vieux billets, etc. (1).

La gestion occulte du Trésor et la culpabilité de Fouquet.

Cette gestion occulte tourna-t-elle au profit du Cardinal ?
La réponse est aisée à donner. Il suffit de faire des cons-
tations. Mazarin ne cessa de gémir sur sa misère, il affirma
sans cesse qu'il se ruinait pour le succès des armées et la
défense de la cause du Roi; or il laissa une fortune immense,
à tel point que ses amis n'osèrent jamais en dire le montant.

Au lendemain du décès, ils cherchent à prouver que ces
profits sont des plus légitimes (2). En réalité, l'opinion publique ne s'y trompait pas. D'autant qu'outre les sommes immenses accumulées par le Cardinal, personne n'ignorait les
dépenses qu'il avait faites pour installer « sa parenté » (3).

Mazarin aux régiments de l'armée du maréchal de Guébriant. —
II, pp. 101, 198. Mazarin a pris à charge, 45.000 richsdalles, mes-
sieurs des finances étant épuisés d'argent. Bibliothèque Mazarine,
1719, fol. 338, fonds pour le siège de Gravelines, 30 juin 1644.
Aff. Etrang., vol. 905, lettre à Hervart du 10 juin 1656. *Aff. Etrang.*
France, XXV, fol. 335.

(1) Mazarin fut toujours très sévère pour les autres munitionnaires, dont il jalousait les profits; il écrivait le 28 février 1649 :
« J'ai vu le mémoire des achats pour la marine dont je trouve à
la vérité que la dépense va plus avant que je croyais, et je veux
croire que quand on viendra dans le détail on y trouvera quelque
diminution, puisque ces MM. de la Marine m'ont dit que le plus
qu'on ayt jamais payé les planches de chêne à bâtir les navires a
été de 16 livres la pièce... ». *Aff. Etrang., Mémoires et documents.*
France, 264. Cf. aussi CHÉRUEL, *Lettres*, III, passim.

(2) *Défenses de Fouquet*. II, p. 228; — XII, p. 208; — XV, pp. 27,
248, 281, 287, 209.

3 *Mémoires de Madame de Motteville*, éd. Michaud, p. 207.
Le Tellier cherche à montrer que les profits ne furent jamais prélevés « sur le peuple », et Madame de Motteville d'ajouter malicieu-
sement : « il est à croire qu'il prenait beaucoup sans qu'on pût
le convaincre de rien prendre à l'Epargne. »

A en croire l'abbé de Choisy, Colbert aurait, en outre, remis au roi une bonne part des 15 millions d'argent comptant du Cardinal. Il faut, bien entendu, faire le compte des exagérations, habituelles aux gens qui apprécient les dots ou les héritages. Il est plus exact, au contraire, que le Cardinal, outre la fortune immobilière que nous savons considérable, laissa des sommes importantes déposées entre les mains du maréchal Fabert ou dans ses demeures de La Fère, Vincennes et au Louvre. Son testament, par ses nombreux legs, permet d'apprécier une fortune qui enrichit d'abord puissamment un homme et ensuite très largement toute une famille nombreuse (1).

Que Mazarin ait abusé de sa haute situation politique pour faire d'immenses profits, le fait n'est pas contestable. Ce premier ministre, qui prétendait être à bout de ressources à chaque instant difficile, et clamait qu'il se ruinait pour secourir l'Etat, fit bel et bien fortune (2). Colbert l'y aida et nous savons que l'intendant ignora les scrupules des âmes délicates, sur les voies et moyens (3). Les deniers de l'Etat furent mis à la disposition du Cardinal, sans l'accomplissement des formalités relatives à la comptabilité publique. Le premier ministre fut le premier et le plus exigeant des traitants. Cette situation aurait moins choqué les contemporains que nous dans le présent, si Mazarin et Colbert n'avaient pas abusé

Mémoires de Monglat, éd. Michaud, 2ᵉ série, t. V, p. 349. « Il était si fort attaché à l'argent, qu'il en faisait des bassesses indignes de son rang. Il vendait tout, offices et bénéfices, et faisait commerce de tout. Un peu avant sa mort, la charge de Premier Président vaqua. Mazarin la promit; puis dit à d'Argouges qu'il la remettrait si d'Argouges lui accordait 100.000 écus. La Reine-mère de se récrier : « Ne se lassera-t-il jamais de cette sordide avarice ? Sera-t-il toujours insatiable et ne sera-t-il jamais saoul d'or et d'argent ? » Ce discours rapporté au Cardinal et la Reine-mère étant montée près du Cardinal : « De quoi ! vous osez, vous Madame, de venir voir un insatiable, un homme plein d'une avarice sordide, et qui ne sera jamais saoul d'or et d'argent ? » La Reine, embarrassée, s'excusa.

(1) *Défenses de Fouquet*, II, p. 233.
(2) *Aff. Etrang.*, France, 911.
(3) Cf. DE COSNAC, *Mémoires*, II, p. 447 et suivantes.

des avantages qu'elle comportait. Durant tout le règne de
Louis XIV, la puissance politique fut un moyen de faire des
affaires comportant des profits personnels. Nous aurons
l'occasion de montrer qu'à la Cour du grand Roi bien peu
de personnes s'en privaient. Saint-Simon, dans un passage
des Mémoires, nous dit qu'il n'usa pas de ses relations
avec le contrôleur général Desmarest pour s'enrichir. Il
n'entend pas blâmer ses pairs qui agissent différemment :
il veut seulement noter ce que sa situation offre d'excep-
tionnel.

Le Roi se regardait comme le propriétaire des biens mobi-
liers et immobiliers de ses sujets. Ceux qui agissaient avec
l'autorisation du Roi, ou tout au moins sans être répri-
mandés par le Roi, jouissaient d'une impunité tellement
large, que les consciences ne faisaient plus la distinction,
aujourd'hui facile, de ce qui était permis et de ce qui était
défendu.

L'opinion publique s'indigna surtout d'un accaparement
prodigieux fait au détriment de l'Etat, au plus grand préju-
dice des taillables et des rentiers, alors que le Trésor était
complètement obéré et que la dilapidation des finances com-
promettait le fonctionnement des armées entretenues hors du
royaume.

Les contemporains ne comprirent pas non plus le mauvais parti que Colbert fit à Fouquet après la mort du Cardinal.
Fouquet, dès le décès de Servien survenu le 16 février 1659,
malgré les intrigues d'Hervart, de Colbert, de Mazarin, qui
voulut un instant exercer, conjointement avec Fouquet, la
surintendance, fut seul nommé dans cet emploi le 21 février
de la même année 1659: Mazarin meurt en mars 1661.

D'ores et déjà, sur les conseils de Colbert, un régime plus
ordonné était introduit dans le maniement des fonds de
l'Epargne. Colbert est nommé intendant des finances. Fouquet
dresse en double exemplaire un état général des opérations
du Trésor, de la situation de caisse, et en remet un au Roi,
l'autre à l'intendant. Le rapprochement des écritures fait
apparaître les irrégularités. Le surintendant demande alors
au roi de lui pardonner toutes les fautes qu'il a commises
pour favoriser les intérêts de Mazarin. « Oui, je vous par-

donne tout le passé », avait dit le Roi. En présence de la pénurie du Trésor, Fouquet empruntait de nouvelles sommes, de mars en septembre, sur sa garantie de surintendant. Il engageait ainsi, avec l'autorisation du prince, tous ses biens et au delà puisque, loin de s'enrichir, il était plus pauvre que lorsqu'il était entré dans les finances, « encore que j'eusse fait assez d'éclat » (1).

Est-ce cet éclat qui fut cause de la chute du surintendant? Une réception fastueuse à Vaux aurait blessé la vanité du Roi, qui, en présence de ce luxe dont la cour était privée, aurait décidé de faire arrêter son surintendant (2).

Est-ce plutôt ce dernier conseil donné par Mazarin à Louis XIV, à savoir que la principale affaire qu'il y eut dans le royaume, maintenant que la paix était conclue, concernait le rétablissement de ses finances? Fouquet parut-il un trop grand dissipateur pour y réussir, tandis que Colbert fut choisi comme le plus habile économe qu'eût jamais vu le roi, et l'homme le plus capable de rétablir les affaires du monde les plus ruinées ?

Si l'on en croit l'abbé de Choisy, l'arrestation de Fouquet eut des motifs précis. Le surintendant, après la mort du Cardinal, devait remettre, une ou deux fois par semaine, les états (3) de la recette et de la dépense, les traités passés, etc... Ces documents, contrôlés par Colbert en tête à tête avec le Roi, auraient contenu des erreurs, relevées par le nouvel intendant, d'où la résolution d'arrêter le surintendant (4).

Outre ces versions, il en est d'autres encore : l'opinion soutenue par Lair d'une indiscrétion de Fouquet qui aurait troublé les amours de Mlle de la Vallière et de Louis XIV. Nous n'en retiendrons aucune. L'affaire Fouquet n'est pas née à l'occasion d'un fait unique. Elle fut le résultat d'une série d'événements dont le plus important, à notre avis, est l'évolution de Colbert qui, de parfait majordome, à l'âme de do-

1 *Défenses*, II, p. 159-175; XV, 262, 264. Arsenal, manuscr. 167, fol. 165.

2 MONTGLAT, éd. Michaud, V, p. 353.

3 L'existence de ces états est corroborée par Fouquet.

4 *Défenses*, in-4°, p. 60, et *Mémoires*, de Choisy, p. 215. Michaud, p. 581.

mestique, devenait, grâce aux circonstances, un homme
d'État de premier plan.

Il y a lieu, en effet, de distinguer dans la vie publique de
Colbert deux étapes. La première, de 1651 à 1661, nous révèle
un homme d'action, capable de connaître le détail de multiples
opérations de guerre, de marine, de diplomatie, de commerce,
d'industrie, d'organisation administrative. Comme Mazarin
était compliqué et même négligent, Colbert devait, dans ses
multiples fonctions, apporter un esprit de clarté remarquable
pour mettre toutes les affaires en bonne voie. L'activité n'entraîne pas toujours avec soi l'honnêteté. Or, dans cette première période, Colbert, pour arriver, employa des moyens
parfaitement amoraux, au point de provoquer chez Mazarin quelque pudeur et quelque hésitation avant de les faire
exécuter (1). Colbert, dans cette œuvre, eut pour seul et
unique dessein de plaire à Mazarin, de lui assurer une fortune douteuse. Il acquit, dans ses fonctions, la connaissance
parfaite de tous les moyens d'exactions dont pouvaient
disposer les traitants. Il faudrait regretter, rapidement,
les fautes commises en pensant que la pratique du vice donne
parfois le goût de la vertu, si on n'avait à reprocher à Colbert la responsabilité d'une procédure par trop arbitraire à
l'égard de Fouquet et des financiers qui prêtèrent leur concours au surintendant.

Aspirant à devenir un homme d'État, entièrement dévoué
à un jeune monarque dont il avait pu apprécier les qualités,
Colbert avait une idée extrêmement nette de la nécessité d'une
réforme profonde de notre régime de crédit public. A un
grand État, il fallait des ressources normales, pour faire face
aux dépenses ordinaires et extraordinaires. Ces sommes importantes pouvaient être fournies par les impôts déjà établis,
à condition d'introduire de nouvelles règles de comptabilité
et de les faire strictement observer. Il fallait supprimer le
régime des traitants, des munitionnaires, des ordonnance-

(1) Il mettait volontiers à la disposition de son maître l'influence
de la Reine et des Ministres. Cf. T. I, p. 114, des *Lettres de Colbert*
et *id...*, p. 119, Intervention de la Reine auprès d'un membre du
Parlement pour faciliter la rentrée des créances du Cardinal.

ments de comptant, qui faisaient de nombreuses fissures au réservoir de métaux précieux qu'était le Trésor. On devait abolir les anciens abus: mais à un régime entièrement nouveau, ne fallait-il pas également des hommes nouveaux ?

Colbert homme d'État voulait anéantir les pratiques dont Colbert intendant de Mazarin avait été le promoteur. L'homme arrivé ne voulait plus connaître les mesures prises par l'humble commis s'efforçant de parvenir. But louable, dessein de large conception, dont la réalisation facilitait les projets de Louis XIV et donnait à la France une situation bien établie de grande nation, possédant une armée organisée, une forte marine, une grande industrie naissante, des colonies et de meilleures finances.

Fallait-il pour réussir ce plan, largement conçu, perdre volontairement Fouquet et obtenir sa condamnation en retenant des faits de mauvaise gestion, répréhensibles assurément, mais accomplis pour la plupart sur la sollicitation de Colbert ?

En effet, dans le procès de Fouquet on peut grouper les accusations sous deux chefs : projet de conspiration contre le Prince, malversations dans l'ordonnancement des fonds du Trésor (1). Le premier point ne saurait être étudié ici: M. Lair a montré qu'il était, en réalité, moins grave qu'on n'avait voulu l'établir. Et d'ailleurs le surintendant disgracié fut surtout poursuivi pour péculat. Or, pour prouver ces faits, on ne pouvait invoquer les dilapidations faites par Fouquet avec l'intention d'édifier une immense fortune personnelle; M. Lair, adoptant la version fournie par l'accusé dans ses mémoires, montre que Fouquet sortit de la surintendance moins riche qu'il n'y était entré (2). L'achat de Belle-Isle, sur invitation de Mazarin, les folies des constructions de Vaux furent réalisés au détriment de l'avoir personnel de Fouquet, de ses gains annuels, du patrimoine de sa femme. Et au total, tandis que Mazarin acquit une fortune immense, que Colbert put acheter Seignelay et obtenir, pour lui et les siens, de nombreux bénéfices, Fouquet, lors de son empri-

---

1 *Défenses*, XIV, pp. 242 et 259.
2 *Id.*, XIV, p. 27.

sonnement, put faire aisément la preuve qu'il était débiteur de 9.043.000 livres au moins, comme caution de prêts faits en apparence au Roi, mais en réalité contractés pour fournir au Cardinal, par l'intermédiaire de Colbert, les 20 à 25 millions que Mazarin prélevait, chaque année, sur le Trésor, à des titres divers.

Des emprunts faits par Fouquet il restait des traces; des retraits de fonds opérés, aucune mention officielle. De là à conclure que le surintendant les avait faits à son profit, pour satisfaire ses goûts de luxe, le raisonnement était possible; probable même pour une personne qui ne connaissait pas le détail des mouvements de fonds. Or, Colbert aurait dû être le dernier des accusateurs (1). Il savait bien que le Cardinal ne voulait fournir aucun récépissé des sommes qu'il réclamait. Il connaissait toutes les faiblesses de Fouquet, qui avait la crainte de lui déplaire et, par contre-coup, de fâcher le Cardinal. Fouquet n'avait qu'une possibilité de prouver, non point sa bonne gestion, mais son honnêteté: reprendre les mentions portées sur les registres de ses commis et reconstituer ainsi le détail du mouvement des fonds. Colbert avait tout prévu. Les papiers de Fouquet avaient été saisis, dépouillés et subtilisés par l'intendant du cardinal, devenu le directeur de l'accusation.

Nous serions moins affirmatifs dans les griefs que nous formulons contre Colbert, si nous n'avions aujourd'hui pour reprendre le procès de Fouquet que les « défenses ». Malheureusement pour lui, Colbert n'a pas fait disparaître sa correspondance (2), ni celle du Cardinal. Or, elle corrobore les dires de Fouquet. Les vieilles assignations, rachetées à bas prix et reprises à l'Epargne pour leur pleine valeur, avec le consentement du surintendant: qui en a fait le trafic? (3) Mazarin, et Colbert, pour le compte de Mazarin: les traitants, amis du Cardinal: Gourville, Hervart (4,... Fouquet a abusé des peu-

---

1 *Défenses*, VI, p. 182.
2 *Lettres de Colbert*, I, p. 69.
3 *Mémoires de Gourville*, p. 524.
4 Fouquet, dans son interrogatoire, déclare devoir entre autres 350.000 livres à M. Girardin, 1.400.000 livres à Jeannin de Castille.

sions (1), des remises, des gratifications sur les traités... Qui a bénéficié de toutes ces faveurs? Mazarin et parfois aussi Colbert.

Nous ne partagerons pas complètement l'attitude prise par M. Lair dans son intéressante biographie de Fouquet pour plaider toujours non coupable. Nous prétendons même que la gestion du surintendant fut des pires. Esprit distingué, cultivé, il fut un financier négligent, manquant de précision et partageant les erreurs des hommes de son époque sur le crédit. Il le concevait comme un ensemble d'expédients, permettant de vivre au jour le jour, grâce à de piètres inventions pour se procurer des fonds. De là, les compromissions avec les traitants qui, dans les moments les plus pressants, obtenaient des compensations. De là, les appels de fonds à des parents, des amis, des secrétaires, pour faire des prêts au Roi; de là, la confusion de l'argent de l'État avec celui de Fouquet et de ses commanditaires. Nous avons peine à concevoir un pareil désordre qui faisait du surintendant le prêteur du Roi, et des traitants, qui auraient dû être contrôlés par le surintendant, des commanditaires. Le chef devenait ainsi l'obligé. La Meilleraye, d'Emery et d'autres avaient-ils agi autrement avant Fouquet? Ce désordre était d'autant plus possible que le surintendant, comme ordonnateur, ne devait de justification qu'au Roi. Or, le monarque exerçait sa profession par l'intermédiaire du Cardinal, hanté par le souci de tout obscurcir, pour que jamais on ne vît clair dans les comptes. Soucieux de se survivre dans cette pratique, n'avait-il pas ordonné de détruire tous ses papiers, et de ne point indiquer le montant de sa fortune, que les historiens sont réduits à évaluer par à peu près...

Il y a eu une affaire Fouquet. Et l'accusé parut aux esprits bien informés plus intéressant que les accusateurs; Pélisson, entraîné cependant dans la déconfiture de Fouquet, qui con-

---

420.000 livres aux fermiers des Aydes: diverses créances variant de 13.000 à 400.000 livres dont 25.000 à Vattel, son maître d'hôtel: au total 9.043.000 livres. Arsenal. Folio 165 du manuscr. 7, 167.

(1) FORBONNAIS, *Recherches et considérations sur les finances de France*, t. I, p. 266.

naissait le détail des opérations faites par lui comme commis de l'Epargne, plaidait ouvertement pour son maître. Et il fallait un réel courage pour prendre la parole, en de telles circonstances, alors que l'obstiné Colbert poursuivait, avec haine, le rival distingué, l'ami des lettrés et des femmes. Ce sont de bons et beaux sentiments que nous admirons dans les lettres de Mme de Sévigné ou dans l'élégie aux Nymphes de Vaux. Ils doivent être tenus plus encore pour l'expression de la vérité que pour la manifestation de sentiments délicats.

> Selon que vous serez puissant ou misérable,
> Les jugements de cour vous rendront blanc ou noir.

Expression, simplement formulée, de la moralité de beaucoup de procès et que le bon La Fontaine dut écrire en pensant au cas de Fouquet. L'opinion publique, mieux informée, après la lecture des *Défenses*, se rangeait d'ailleurs du côté du surintendant (1).

Et si l'autorité royale eût été moins affermie, on eût connu déjà une agitation publique, provoquée par des hommes à la pensée élevée, manifestant en faveur d'un homme qui expia les fautes de ses accusateurs plus que les siennes, et fut condamné après avoir été privé de ses moyens de défense (2).

---

(1) Mme de Motteville dit que la Reine-mère elle-même fut fâchée de la perte de Fouquet; elle considérait ce ministre, parce qu'il était fort attaché au soin de la servir, et même, du consentement du Roi, il lui envoyait de l'argent : ce qu'elle avait besoin pour le service des pauvres. Mais ne pouvant manquer au secret du Roi, ni justifier Fouquet sur les criminelles accusations qui furent faites contre lui, qui toutes n'étaient pas injustes, il fallut qu'elle entrât dans le projet d'arrestation.

« Dans le vrai, il se trouva que Fouquet était coupable d'une grande profusion, mais qu'il n'était pas riche, et qu'il devait beaucoup plus qu'il n'avait vaillant. » *Mémoires de Mme de Motteville*

En 1666, sur le point de mourir, la Reine-mère avait recommandé au roi de pardonner, pour l'amour d'elle, à ceux qu'il haïssait. Ceux-là étaient certaines personnes engagées dans la disgrâce de Fouquet, dont elle s'était servie auprès de lui, pendant qu'il était surintendant.

(2) *Défenses de Fouquet*, XVI, p. 13 et 73.

CONTENU DES ANNÉES PARUES :

1908 (1ʳᵉ année) 456 pp., gr. in-8, 24 fr.

N° 1: **Quesnay**, Article « Hommes » p. p. **E. Bauer**; **M. Somogyi**, Un réformateur social hongrois de la première moitié du xɪxᵉ siècle: Le Baron Dercsenyi.

N° 2: **Quesnay**, Article « Impôts », édité par **G. Schelle**; **E. Depitre**, Note sur les œuvres économiques de Cournot.

N° 3: **A. Dubois**, L'évolution de la notion de droit naturel antérieurement aux physiocrates; **J. Lescure**, La conception de la propriété chez Aristote.

N° 4: **E. Levasseur**, Law et son système jugés par un contemporain; **René Gonnard**, Les doctrines de la population au xvɪɪɪᵉ siècle; **Isaac de Bacalan**, Observations faites par M. de Bacalan, intendant du commerce, dans son voyage en Picardie, Artois, Haynaut et Flandre, l'an 1768. (Introduction et notes par A. Dubois.)

1909 (2ᵉ année) 446 pp., gr. in-8, 24 fr.

N° 1: **Germain Martin**, La monnaie et le crédit privé en France au xvɪᵉ et xvɪɪᵉ siècles; les faits et les théories (1550-1664); **Adolphe Landry**, Les idées de Quesnay sur la population.

N° 2: **A. de Foville**, De Malthus à Berthelot; **Charles Grünberg**, Anton Menger. Sa vie, son œuvre; **Pierre Moride**, Karl Marx et l'idée de justice.

N° 3: **Albert Aftalion**, La théorie de l'épargne en matière de crises périodiques de surproduction générale et sa critique; **Maurice Bellom**, La source des théories de List; **William Oualid**, d'Aguesseau économiste. « Les considérations sur les monnaies ».

N° 4: **Carl Grünberg**, L'origine des mots « socialisme » et « socialiste »; **Edouard Dolléans**, La naissance du chartisme (1830-1837); **W. Benbow**, Grand National Holiday and Congress of the productive classes (Réimpression).

1910 (3ᵉ année) 455 pp. gr. in-8, 24 fr.

N° 1: **S. Feilbogen**. L'évolution des idées économiques et sociales en France depuis 1870; **F.-K. Mann**, Les projets de retour en France de John Law (1723); **J. Lescure**, Esquisse de l'évolution du change et des théories relatives au change.

N° 2: **Mis. de Mirabeau**, Notes inédites sur Boisguillebert, publiées par G. Weulersse; **R. Picard**, Etude sur quelques théories du salaire au xvɪɪɪᵉ siècle; **E. Antonelli**, Léon Walras: **H. E. Barrault**, Les doctrines de l'économie politique classique et la science économique contemporaine.

Nᵒˢ 3-4: **E. Levasseur**, Foires et marchés en France pendant la royauté féodale (xɪɪɪᵉ, xɪvᵉ et xvᵉ siècles); **J. C. Anquetin**, Un projet de réforme générale des impôts français au début du xvɪɪɪᵉ siècle: Observations sur la dixme royale de Vauban (Introduction et notes par J.-B.-M. Vignes); **F. K. Mann**, L'abbé de Saint-Pierre, financier de la Régence, d'après des documents inédits; **G. Bourgin**, Statistiques révolutionnaires; **S. Feilbogen**, L'évolution des idées économiques et sociales en France depuis 1870; **H. E. Barrault**, Le sens et la portée des théories antiquantitatives de la monnaie.

1911 (4ᵉ année) 431 pp. gr. in-8, 24 fr.

N° 1: **G. Schelle**, Les premiers travaux économiques de Turgot d'après ses manuscrits inédits; **M. A. Arnauné**, Les tarifs douaniers de 1791; **Edouard Dolléans**, La naissance du chartisme (1830-1837); **Edouard Pfeiffer**, Nicolas Barbon, Un économiste du xvɪɪɪᵉ siècle.

N° 2: **Edgard Allix**, La déformation de l'économie politique libérale après J. B. Say: Charles Dunoyer; **Charles Schmidt**, Jean-Baptiste Say et le blocus continental; **Georges Bourgin**, L'agriculture, la classe paysanne et la Révolution française (1789-an IV).

N° 3: **La Direction**, Emile Levasseur: **Robert Michels**, Giuseppe Pecchio; **René Maunier**, Un économiste oublié: Peuchet (1758-1830); **Gaëtan Pirou**, La théorie de la valeur et des prix chez W. Petty et chez R. Cantillon.

N° 4: **Edgard Allix**, La méthode et la conception de l'économie politique dans l'œuvre de J.-B. Say; **Edgard Depitre**, La prohibition du commerce et de l'industrie des toiles peintes aux xvɪɪᵉ et xvɪɪɪᵉ siècles; **Georges Bourgin**, En lisant les archives...: *a*) Politique socialisante en l'an II; *b*) Dupont de Nemours imprimeur.

1912 (5ᵉ année) 420 pp. gr. in-8, 24 fr.

N° 1: **Jules Delvaille**, Ange Goudar et son projet pour la repopulation en 1756; **C. Ballot**, La révolution technique et les débuts de la grande exploitation dans la métallurgie française: L'introduction de la fonte au coke en France et la fondation du Creusot.

Nᵒˢ 2-3: **Charles Schmidt**, Une enquête sur la draperie à Sedan en 1803; **H. E. Barrault**, Les doctrines de Cournot sur le commerce international; **Georges Bourgin**, Régie ou entreprise (an II); **Gaëtan Pirou**, Les interprétations récentes de la pensée de Proudhon; **O. Festy**, Dix années de l'histoire corporative des ouvriers tailleurs d'habits (1830-1840); **Georges Scelle**, Théories relatives à l'esclavage en Espagne au xvɪɪᵉ siècle; **Edmond Laskine**, Les doctrines économiques et sociales d'Eugène Dühring.

N° 4: **Edgard Allix**, L'œuvre économique de Germain Garnier, traducteur d'Adam Smith et disciple de Cantillon; **Roger Picard**, Les mutations des monnaies et la doctrine économique en France, du xvɪᵉ siècle à la Révolution.

Chaque fascicule contient en outre des analyses, comptes rendus, notices bibliographiques, et une bibliographie méthodique.

Marcel RIVIÈRE & Cie, 31, rue Jacob et 1, rue Saint-Benoît, PARIS (VIe)

COLLECTION DES ÉCONOMISTES

ET DES RÉFORMATEURS SOCIAUX DE LA FRANCE

1. **Dupont de Nemours**, De l'origine et des progrès d'une science nouvelle (1768), avec notice et index analytique par **A. Dubois**, professeur à l'Université de Poitiers, IX-40 pp. in-8, 1909 .... 1 fr. 50

2. **Baudeau**, Première introduction à la philosophie économique (1771), avec notice et index analytique par **A. Dubois**, professeur à l'Université de Poitiers, XIV-VIII-192 pp. in-8, 1909 .... 6 fr. 25

3. **Le Mercier de la Rivière**, L'ordre naturel et essentiel des sociétés politiques (1767), avec notice par **E. Depitre**, professeur agrégé à l'Université de Lille, XXXVII-VIII-405 pp. in-8, 1909 .... 12 fr. 50

4. **Morelly**, Code de la nature ou le véritable esprit de ses loix (1755), avec notice et table analytique par **E. Dolléans**, professeur adjoint à l'Université de Dijon, XXXI-119 pp. in-8, 1910 .... 6 fr.

5. **Herbert (Cl.-J.)**, Essai sur la police générale des grains, sur leurs prix et sur les effets de l'agriculture (1755), et Supplément à l'Essai sur la police générale des grains par **J.-G. Montaudouin de la Touche** (1757), avec notice et table analytique par **E. Depitre**, professeur agrégé à l'Université de Lille, XLIII-166 pp. in-8, 1910 .... 7 fr. 50

6. **Dupont de Nemours**, De l'exportation et de l'importation des grains (1764). — **L.-P. Abeille**, Premiers opuscules sur le commerce des grains (1763-1764), avec introduction et table par **E. Depitre**, XLV-128 pp. in-8, 1911 ...... 7 fr. 50

7. **Graslin (J.-J.-L.)**, Essai analytique sur la richesse et sur l'impôt (1767), avec notice et table par **A. Dubois**, XXX-VI-215 pp. in-8, 1911 .... 8 fr.

8. **Petit (E.)**, Droit public ou gouvernement des colonies françaises d'après les loix faites pour ces pays (1771), avec introduction et table par **A. Girault**, professeur à l'Université de Poitiers, XXV-XV-512 pp. in-8, 1911 .... 16 fr.

9. **Baudeau**, Principes de la science morale et politique sur le luxe et les loix somptuaires (1767), avec notice et table par **A. Dubois**, XXIX-34 pp. in-8, 1912 .... 1 fr. 50

10. **Moheau**, Recherches et considérations sur la population de la France (1778), avec notice et table par **R. Gonnard**, professeur à l'Université de Lyon, XXXI-302 pp. in-8, 1912 .... 12 fr. 50

11-12. **Dupin**, OEconomiques, publié avec notice et table par **M. Aucuy**, docteur en droit, professeur au Collège Sainte-Barbe, avec de nombreuses cartes et plusieurs fac-similés, 2 vol. .... 32 fr.

En préparation :

Boisguillebert. — OEuvre, notice et table par **A. Dubois**.

Abeille. — Commerce des grains, notice et table par **E. Depitre**.

Mun. — Trésor du Commerce, notice et table par **A. Deschamps**.

Turgot. — Formation et distribution des richesses, notice et table par **G. Schelle**.

Forbonnais. — Principes et observations économiques, notice et table par **A. Dubois**.

Butré. — Apologie de la science économique, notice et table par **A. Dubois**.

Child. — Traités sur le commerce, trad. V. de Gournay, notice et table par **A. Deschamps**.

Letrosne. — Opuscules sur le commerce maritime, p. par **A. Dubois**.

Mirabeau. — Philosophie rurale, notice et table par **L. Brocard**.

Condorcet. — Commerce des grains, notice et table par **E. Depitre**.

Melon. — Essai politique sur le commerce, notice et table par **H. Vouters**.

Law. — Considérations sur le commerce et sur l'argent, par **F.-K. Mann**.

Les souscripteurs à la collection entière bénéficieront d'une réduction de 20 p. 100 sur les prix marqués. Il paraîtra 4 ou 5 volumes par an. La collection entière se composera de 50 volumes environ.

EN { **SCÈNES DE LA BOHÈME**, par Henry Murger, 1 vol. gr. in-18.—3 fr.
VENTE : { **SCÈNES DE LA VIE DE JEUNESSE**, par le même, 1 v. gr. in-18.—3 fr.

BIBLIOTHÈQUE DRAMATIQUE

Théâtre moderne.

LES MÉTAMORPHOSES
DE L'AMOUR,

COMÉDIE EN 1 ACTE, EN PROSE.

PAR

Mlle AUGUSTINE BROHAN

Prix : 60 centimes.

EN VENTE CHEZ LES MÊMES ÉDITEURS.

THÉÂTRE COMPLET DE F. PONSARD.	THÉÂTRE COMPLET DE VICTOR HUGO.	THÉÂTRE DE ÉMILE AUGIER.
1 beau vol. grand in-18—3 fr.	Un beau grand in-8°, orné de sept gravures sur acier, d'après Raffet, Boulanger, etc.. 6 fr. 50 c.	
Chaque pièce se vend séparément.	*Chaque pièce se vend séparément.*	*Chaque pièce se vend séparément.*
Lucrèce, tragédie en 5 actes. 1 50	Hernani, drame en 5 actes. 60	Gabrielle, comédie, 5 actes. 2 »
Agnès de Méranie, trag. 5 ac. 1 50	Marion Delorme, drame, 5 act. 60	L'Aventurière, comédie, 5 a. 1 50
Charlotte Corday, drame 5 a. 1 50	Le Roi s'amuse, drame, 5 act. 60	La Ciguë, comédie en 2 act. 1 50
Horace et Lydie, coméd. 1 a. 1 50	Lucrèce Borgia, drame, 5 act. 60	L'homme de bien, com., 3 a. 1 50
	Marie Tudor, drame en 5 actes. 60	L'habit vert, proverbe en 1 a. 1 »
	Angelo, drame en 4 actes. 60	Chasse au roman, com., 3 a. 1 50
	Ruy-Blas, drame en 5 actes. 60	
	Les Burgraves, drame en 3 act. 60	
	La Esmeralda, opéra en 4 act. 60	

MICHEL LÉVY FRÈRES, LIBRAIRES-ÉDITEURS

RUE VIVIENNE, 2 BIS.

PARIS—1851

347 — ALEX. } **Le Vicomte de Bragelonne**, complément des
DUMAS. } *Trois Mousquetaires* et de *Vingt ans après*, six vol. in-18 : 12 francs.

PIÈCES DE THÉATRE

PARUES DANS LA BIBLIOTHÈQUE DRAMATIQUE,
FORMAT IN-18 ANGLAIS.

Titre	Prix
Le Gant et l'Éventail	» 60
La Baronne de Blignac	» 60
L'Inventeur de la Poudre	» 60
Château des Sept-Tours	3 »
Sport et Turf	2
Le Docteur Noir	» 60
Charlotte	» 60
Clarisse Harlowe	» 60
Madame de Tencin	3 »
Don Gusman	» 60
Le Bonhomme Richard	» 60
Gentil-Bernard	» 60
Échec et Mat	1 »
Un Mari qui se dérange	» 60
Clostria des Génés	» 60
Une Chambre à deux lits	» 60
Les Demoiselles de Noce	» 60
Le Nœud Gordien	» 60
Pierre Février	» 60
Gibby la Cornemuse	1 »
Le Lait d'Anesse	» 60
La poudre Coton	» 60
Diable ou Femme	» 60
Un Mari fidèle	» 60
Robert Bruce, opéra	1 »
Marie ou l'Inondation	» 60
Mystères du Carnaval	» 60
Mademoiselle Navarre	» 60
Trois Rois, Trois Dames	» 60
Un Coup de Lansquenet	» 60
Irène ou le Magnétisme	» 60
En Province	» 60
Le Filleul de t. le monde	» 60
Le Fantôme	» 60
La Reine Margot	1 »
Une fièvre brûlante	» 60
Bertram le Matelot	» 60
Alceste	1 «
L'Enfant de l'Amour	» 60
Notre fille est Princesse	» 60
La Reine Argot	» 60
Palma	» 60
Un Docteur en Herbe	» 60
La loge de l'Opéra	» 60
Ce que Femme veut	» 60
Léonard le Perruquier	» 60
Le bouquet de l'Infante	1 «
Un Coup de Vent	» 60
Père et Portier	» 60
Le Chiffonnier de Paris	1 »
La Vicomtesse Lolotte	» 60
Le Trottin de la Modiste	3 »
Les Nuits blanches	» 60
Les Étouffeurs de Londres	» 60
La Bouquetière	1 »
Les Notables de l'endroit	» 60
Robert Bruce, drame	» 60
Pour arriver	» 60
Intrigue et amour	1 »
Un Mousquetaire gris	1 »
Le jeune Père	» 60
L'École des Familles	1 «
Le Chirurgien-Major	» 60
Charlotte Corday	» 60
Le Chev. de Maison Rouge	1 »
Les Deux Foscari, opéra	1 »
Les Chiffonniers	» 60
Léa ou la Sœur du Soldat	» 60
Le Fils du Diable	1 »
Le Bonheur sous la main	» 60
Rose et Marguerite	» 60
Simon le voleur	» 60

Titre	Prix
Isabelle de Castille	» 60
Le Réveil du Lion	» 60
Le Chevalier d'Essonne	» 60
Les premiers beaux jours	» 60
Regardez, mais ne touchez pas	» 60
Martin et Bamboche	1 »
L'Ordonnance du Médecin	60
Le Coin du Feu	» 60
Cléopâtre	1 »
Jacques le Fataliste	» 60
Gastibelza	1 »
Une jeune Vieillesse	» 60
Les premiers Pas	» 60
Jérôme le maçon	» 60
Jérusalem	1 »
En Bonne Fortune	» 60
Le Trésor du pauvre	» 60
La dernière Conquête	» 60
Un Château de Cartes	» 60
Hamlet	1 »
Un Banc d'Huîtres	» 60
Les Gueux	60
Les Tribulations d'un grand homme	» 60
Journal d'une Grisette	» 60
La Marinette	» 60
Les Mém. de Grammont	» 60
Lavater	» 60
Hortense de Blengie	» 60
Les Mousquetaires de la Reine	1 »
Marquis de Lauzun	» 60
Léonie	» 60
Les Extrêmes se touchent	» 60
Amour et Bergerie	» 60
Le Fruit défendu	» 60
Le Petit-Fils	» 60
Grisettes ou les Coquets	1 »
La Clef dans le dos	» 60
Notre-Dame-des-Anges	» 60
Le Collier du Roi	» 60
Gille Ravisseur	» 60
Un jeune homme pressé	» 60
Le pouvoir d'une femme	» 60
Le 24 février, à propos	» 60
Vestris	» 60
La Foi, l'Espérance et la Charité	1 »
Un voyage sentimental	2 »
Md. de jouets d'enfants	» 60
Une Poule	» 60
Horace et Caroline	1 »
Maréchal Ney	2 »
Eric, ou le Fantôme	» 60
Guillaume le débardeur	» 60
Le Démon familier	» 60
Un et un font un	» 60
Les frais de la guerre	2 »
La niaise de Saint-Flour	1 »
Marcedu	3 »
Un Déménagement	1 »
Les prem. Coquetteries	» 60
Les Portraits	» 60
La Marâtre	1 »
Le Morne au Diable	1 »
Le premier Coup de canif	60
Le vrai Club des femmes	1 »
Jeanne Mathieu	» 60
Taverne du Diable	» 60
Comtesse de Sennecey	2 »
Camp de Saint-Maur	» 60

Titre	Prix
Les Mystères de Londres	1 »
Le chemin de Traverse	» 60
Le Lion empaillé	1 »
Les Parades de vos Pères	» 60
Le Livre noir	1 »
L'affaire Chaumontel	» 60
Catilina	1 »
Les Fonds secrets	1 »
Les Sept Péchés Capitaux	1 »
Les Deux font la paire	» 60
Un coup de pinceau	» 60
Macbeth	1 »
Envies de Mad. Godard	1 »
Vieillesse de Richelieu	1 »
De Cuisinier politique	1 » 60
Île de Tohu-Bohu	3 »
Un vilain Monsieur	» 60
Le cœur Cornélius	» 60
Écoles	1
Le Roi de Cœur	» 60
Les 12 Travaux d'Hercule	» 60
L'argent	» 60
Les Lampions de la veille	1 »
Rage d'Amour	» 60
Comment les Femmes se vengent	» 60
Les Marrons d'Inde	2 »
Tout chemin mène à Rome	60
Montagne et Gironde	1 »
Le Caïd	1 »
Bon gré Mal gré	» 60
La petite Cousine	» 60
Pardon de Bretagne	1 »
Foire aux idées	» 60
Orphelins du pont Notre-Dame	1 »
Le 24 Février, drame	» 60
La Popularité	» 60
La pension alimentaire	» 60
Le berger de Souvigny	» 60
La Tasse cassée	» 60
Le Pâtre	» 60
Mauvais Cœur	1 »
Une Dent sous Louis XV	» 60
L'Amitié des Femmes	1 »
Rachel ou la belle Juive	» 60
Habit, Veste et Culotte	» 60
L'Habit vert	1 »
Vautrin et Frise-Poulet	» 60
La Mort de Strafford	» 60
La Danse des Écus	1 »
2e No de la Foire aux Idées	60
Louis XVI et Marie Antoinette	1 »
La Paix à tout prix	» 60
La Cornemuse du diable	» 60
Comte de Sainte-Hélène	» 60
Curé de Pomponne	» 60
Gardée à vue	» 60
Les Monténégrins	1 »
Le bouquet de Violettes	» 60
Le Guérillas	» 60
Les Prétendants	» 60
Jobin et Nanette	» 60
Un Drame de Famille	» 60
André Chénier	1 »
Elzéar Chalamel	» 60
Les trois étages	» 60
Les Puritains d'Écosse	1 »
La Grosse Caisse	» 60
Un Duel chez Ninon	» 60
Le Toréador	1 »